Günther Fritsch
Heiteres Bezirksgericht

Ernst Kein
„weana schbrüch"

Herausgegeben von Hans Dichand
Zusammengestellt von Waltraud Orthacker
Illustriert von Martin Menzl

K & S

ISBN 3-218-00597-3

Copyright © 1994 by
Verlag Kremayr & Scheriau, Wien

Schutzumschlaggestaltung: Martin Menzl
Lektorat: Ilse Walter
Satz und Repro: Bernhard Computertext, Wien
Druck und Bindung:
Wiener Verlag, Himberg bei Wien

gedruckt auf chlorfrei gebleichtem Papier

Inhalt

Zwei Spaziergänger in Wien

Günther Fritschs und Ernst Keins literarische Qualität ist unangefochten in der österreichischen Literatur. Zahlreiche Bücher, Fernsehfilme dokumentieren es. Große Schauspieler haben die Texte der beiden Poeten gelesen, Keins Gedichte wurden von Friedrich Cerha zur „Keintate" vertont, die 1983 mit großem Erfolg uraufgeführt wurde.

Wolfgang Bauer, der Grazer Schriftsteller, wurde einmal gefragt, wer der beste Dichter Österreichs sei. Er nannte spontan den Namen Günther Fritsch.

Ernst Keins knappe Miniaturen und brillante Wortkunstwerke sind anerkannter Bestandteil der österreichischen Literatur.

Warum diese beiden Autoren in einem Band vereint sind? Ganz einfach: Ihre Texte ergänzen einander auf wunderbare Weise. Ernst Keins „weana schbrüch" stellen genaugenommen eine Zuspitzung der Geschichten von Günther Fritsch dar.

Und: Beide waren Kolumnisten der „Kronen Zeitung", ihre Texte herausragende Bestandteile der Zeitung.

All jene, die Günther Fritsch persönlich kannten, mochten und schätzten ihn sehr. Sein schwarzer Humor, sein skurriler Wortwitz, seine verblüffenden Gedankenassoziationen brachten die Menschen stets zum Schmunzeln.

Abenteuerlich seine Jugend; während des Kriegs geriet er in Gefangenschaft. 1945 Rückkehr nach Wien. Eine Zeitlang war Fritsch als Bilderhändler in allen Eissalons Österreichs (wenn sie winters gesperrt hatten) unterwegs und schwatzte biederen Österreichern, die langsam zu Wohlstand gekommen waren, Ölgemälde wie „Alpenglühen", „Röhrende Hirsche" und dergleichen auf.

Damals, so betonte er immer wieder, „hab i glernt, wia d Leut reden in Österreich". Und er begann seine Eindrücke zu formulieren. Hans Weigel entdeckte sein Talent und empfahl ihn Hans Dichand, der damals gerade die „Kronen Zeitung" wieder zum Leben erweckt hatte. Vorerst Gerichtssaalredakteur, gelang ihm 1961 der große Wurf: Das „Heitere Bezirksgericht". Bis zu seinem Tod im Jahre 1982 verfaßte er diese Kolumne.

Die Menschen in seinen Geschichten sind aus dem Leben gegriffen, aus dem Alltag. Der Grazer Schriftsteller Alfred Paul Schmidt, der einmal Günther Fritsch und sein Werk literarisch hervorragend analysierte, sagt dazu: „Das Alltägliche und Gehabte stellt den Schriftsteller Günther Fritsch anscheinend nicht zufrieden. Die Protagonisten seiner Geschichten sind zwar Menschen in ganz alltäglichem Sinne ... sie finden sich aber ständig in Ausnahmesituationen. Sie sind schlicht Abweichler, Dissidenten des Normalen, Unangepaßte ... Zweifelsohne gilt im literarischen Gewerbe die Sparte Unterhaltung als die schwierigste. Deshalb gibt es auch so wenig wirklich gute Unterhaltungsschriftsteller, dafür jede Menge philosophische Spekulanten ... Aber eine einfache gute Story zu schreiben, bei der einem das Lachen im Halse stecken bleibt, weil bei allem Humor die Zeilen Wirklichkeit vermitteln, die in keinem statistischen Jahrbuch steht, das können nur wenige."

Günther Fritsch konnte es, Tag für Tag. Mehr als achttausend „Heitere Bezirksgerichte" hat er geschrieben; einige der besten sind in diesem Band enthalten.

Ernst Kein war, wie Günther Fritsch, ein Spaziergänger, ein Beobachter. Seine wahre Heimat aber war die Sprache, das Wienerische, das er schliff und polierte, bis es glänzte wie ein Diamant. Er nahm es genau mit den Worten und den Wörtern, bis hin zur richtigen Lautmalerei der Dialektschreibung. Ludwig Plakolb charakterisierte dies in seinem Vorwort zu Keins „Wirtshausgeschichten", die 1986 erschienen, so: „... Für ihn eine Frage der Verantwortung dem Text gegenüber, dem ureigensten und fälschungssichersten Personalausweis, den ein Autor vorlegen kann und muß. Und so sind auch Keins Feuilletons, seine Miniaturen, seine Kurz- und Kürzestgeschichten, ja selbst seine ,schbrüch' viel mehr als Volkskunst oder Humoresken im Volkston, nämlich kleine Wortkunstwerke; ein Konglomerat aus Gehörtem und Erfaßtem und dann sprachlich Gefaßtem, winzige Spurensicherungen, die sich zu einem Mosaik ergänzen und vollenden, zu einer Bestandsaufnahme Wiens und der Wiener und des Wienerischen."

Ernst Kein war ein Mensch, der Ruhe ausströmte, Gelassenheit, Bedächtigkeit. Er war ein begnadeter Zuhörer, der es jedoch stets verstand, durch harmlos scheinende Fragen Gespräche in eine bestimmte Richtung zu lenken und aus scheinbar belanglosem Alltagsgeschehen das Außergewöhnliche herauszukristallisieren. Aus solchen alltäglichen Begegnungen und Begebenheiten schöpfte er das Material für seine Geschichten und poetischen Schnappschüsse.

Sein Werk umfaßt auch Gedichte in Hochsprache, Erzählungen, Hörspiele, Romane.

Literaturpreise wurden ihm verliehen, unter anderem der Österreichische Staatspreis für Erzählungen – ein Umstand, von dem er in seiner Bescheidenheit nicht viel Wesens machte.

Dazu nochmals Ludwig Plakolb: „Ernst Kein war, und ist es noch immer, ein bekannter Mann. Die kleinen Leute haben ihn gekannt und kennen ihn, denn er hatte und hat Leser, eine feste Gemeinde, wenn sie wahrscheinlich auch nicht wußten oder wissen, daß er auch ein Staatspreisträger war ... Wer Keins Arbeiten genau liest, erkennt bald, daß er sie nicht einer aufgesetzten Pointe willen opfert, einem zugespitzten Abschluß, sondern daß sie einer grundlegenden Charakterisierung dienen, daß sie ‚weiter' gehen. Sie leben aus der Sprache, und die Sprache gibt ihnen Gültigkeit ... Ein Zeitzeuge als Sprachbenützer und Sprachformer."

Ernst Kein starb im Jahr 1985. Er hinterließ nebst vielen anderen Texten auch eine Fülle von „weana schbrüch", die hier in einer Auswahl – häufig als Kontrapunkt, manchmal als Echo, immer jedoch als brillante Sprachbilder – Günther Fritschs „Heitere Bezirksgerichte" abrunden.

Waltraud Orthacker

Kleins Kleingarten

Wauni bedeng wos am aso a schrewagoatn fiara oaweit mocht is ma scho a schanigoatn liawa.

Ernst Kein

„Ich kenn an gwissn Herrn Klein, der hat an Schrebergartn", sagte Herr N. zum Bezirksrichter. „Neilich wollt i eahm besuchen, hab aber nimmer genau gewußt, wo er sein Gartn hat.

Na, i kumm obe in de Siedlung, triff i an, sag i zu eahm: ‚Könntn S ma sagn, wo der Klein sein Gartn hat?'

Mant er: ‚Klein, Klein. Is des a großer Gartn?'

‚Ja', sag i. ‚Klein is er net.'

Mant er: ‚Mir san da a Kleingartnsiedlung. Wann der Klein kan klein Gartn hat, hat er kan Kleingartn.'

Sag i: ‚Der Klein-Gartn is a Kleingartn. I war scho amal da.'

Drauf führt er mi zu an Gartn, wo drinn a Herr gsessn is, aber net der Klein, und fragt: ‚Is des der Klein-Gartn?'

Sag i: ‚Der Klein-Gartn könnts sein. Aber der Klein is net.'

Mant er: ‚Se glaubn, in an Klein-Gartn muaß unbedingt der Klein sitzen?'

Sag i: ‚Des net. Aber was nutzt ma a Kleingartn, wann ka Klein drinn is? I hab nix von an Gartn ohne Klein, der Klein ohne Gartn war ma liaber. Wann S net wissn, wo der Klein sein Kleingartn hat, dann

10

führn S mi net zu an Kleingartn, des was net der Klein-Gartn is.'

Mant er: ‚Des is der anziche Klein-Gartn, den ma habn.'

Sag i: ‚Zerst habn S gsagt, es habts da lauter Kleingärtn.'

Schreit er: ‚Ja aber  nur an Klein-Gartn! Der Kleingarten da ghört in Klein, und wann der Klein net in Gartn is, is trotzdem der Klein-Gartn!'

Den Moment hab i gsehn, daß der Klein in an andern Kleingartn sitzt, und hab eahm gwunkn.

Drauf hat er ma deut, i soll derweil in Klein-Gartn gehn, er is in den Kleingartn nur auf Besuch. Drauf wollt i eine in den Klein-Gartn, wo gar net der Klein drinn war, und bin versehentlich bei an andern Kleingartn eineganga. Durt hab i an klein Gartenzwerg zsammtretn, und der Herr ausn Klein-Gartn, den was der Kleingartn ghört, hat se riesig aufgregt. Er kriagt von mir an neichn klein Gartnzwerg, aber nur an Kleingartn-Zwerg. Wann er glaubt, daß i eahm an Zwerg kauf, wias in de großn Gärtn stehn, hat er se girrt."

Herr Klein und der Kleingartenbesitzer werden einvernommen werden.

11

Braten à la Nimrod

*Es ded ma jo
beschdimt ned
leicht foen
owa in da nod
essad i es fleisch
aa one brod.*

Ernst Kein

Mit sichtbarem Genuß betrachtete Herr Hans Z. die Speisekarte eines Wiener Restaurants.

„Hmm", sagte er mit glänzenden Augen zu dem wartenden Kellner. „Heut habts wieder des Rehbraterl à la Nimrod! Wann i nur den Namen les, rinnt ma scho des Wasser zsamm. Können S mir, lieber Herr Ober, ganz kurz sagn, wie diese Spezialität zubereitet wird?"

„Herzlich gern", meinte der Kellner. „I bin nur a bisserl im Druck, de Leit wartn, wann i da jetzt in der Stoßzeit Rezepte aufsagn muaß…"

„Bitte, bitte! Nur in Kürze!" bat Herr Z. „Wissen S, wenn i so hör, wia des Braterl gmacht wird und aus welchen Ingredienzien so eine Götterspeise besteht, dann gspür is direkt scho auf der Zungen!"

„Also bitte", seufzte der Kellner. „Aus dem Rehschlegel werden kleine Nüßchen geschnittn, de werdn gespickt und mit einigen Gewürzen bestreut…"

„Huuh", stöhnte der Gast wollüstig. „Bitte weiter."

„Na, dann wird des Fleisch braten", sagte der Kellner. „Es kommt Rotwein und Butter dazu, auch etwas Orangensaft – bitte, i muaß jetzt gehn, ein Gast dort drübn droht mir schon mit der Gabel. Darf ich also das Rehbraterl für Sie bringen, mein Herr?"

12

„Nur a Sekunderl noch!" flehte Herr Z. „I glaub, es kommen auch noch dürre Zwetschken drauf…"

„Jawohl", bestätigte der Kellner. „Sie kriegn auch einige Kompottkirschn dazu, es wird Ihnen schmecken, mein Herr. Derf i jetzt,  bitte, gehen! In zehn Minutn habn S das Nimrod-Schlegerl am Tisch."

„Nein, nein", rief Hans Z. „Wo denken S denn hin, Sie guter Geist! Ich derf doch so was net essn, nie im Lebn, wegn der Gall! Ich hab mich akustisch delektiert, ich hab im Geiste gespeist, ich danke Ihnen! Bringen S mir a klans Soda. I muaß dann wieder gehn."

Vor Gericht behauptete Herr Z., der Kellner habe ihm daraufhin einen Schlag mit dem Hangerl gegen die Nase versetzt.

„Des stimmt net!" beteuerte der Kellner. „Der Herr hat sich, während ich ihm den Rehbraten geschildert habe, zweimal seinen feucht gewordenen Mund an meiner Serviette abgewischt. I hab ihm nur de Serviettn schnell wegzogn, sonst nix."

Die Klage wegen tätlicher Ehrenbeleidigung wurde abgewiesen.

Soziale Gerechtigkeit

Im woatezimma fon mein hausoazt griag i ollaweu des schene gfüü daas di aundan aa ned gsinda san wia i.

Ernst Kein

Mit den Worten „Gestattn, i bin a Privatpatient!" versuchte in der Ordination eines praktischen Arztes ein Mann den Vortritt zu erlangen. Er wurde jedoch von den übrigen Wartenden am Betreten des Ärztezimmers gehindert.

„Moment, Moment", sagte ein Kranker, „so geht des net. A Privatbazent san S? Bei uns da in den Arbeiterviertl gibts so was net. Wann S in Dokta selber zahln wolln, dann gengan S in a Sanatorium, aber net zu unsern guatn altn Medizinäurat, der hat eh gnua ztuan. War no schener! Da kummert aner und zahlt, und unseraner wurat dann vielleicht schief angeschaut. Se haun uns ja de soziäule Gerechtigkeit zsamm, liaber Herr! Besurgn S Ihna an Kranknschein, wann S a anständiger Bazent sei wolln!"

„Wahrscheinle hat der Herr nie was garbeit", meinte ein zweiter Wartender. „Drum hat er jetzt ka Kassa. So a Mensch ghört in de Fürsorge-Ambulanz oder in a Labradorium. Es ist halt leider so: Da wirds ganze Lebn lang tacheniert und alls versoffn, und wann dann des Zwickn kummt, muaß ma in letztn Hunderter fürn Doktor ausgebn. Mir is ja Wurscht. Nach mir können S einegeh. Aber bei mir dauerts lang. Des sag i Ihna glei. I kriag a Lektrokadiagramm."

14

„Unverschämt!" rief der Privatpatient. „Was ma se da sagn laßn muaß! I werd ma do no mein Arzt aussuachn dürfn! I bin angmeldt, i möcht jetzt rein, und damit basta!" „Passen S auf!" entgegnete der

erste Patient in scharfem Ton. „Wann S da lang umadumschrein, san S glei draußt! Da schreib i Ihna persönlich gsund, und i hab ka schlechte Handschrift! Weil mir san kranke Leit, verstengan S! Des hamma durch de Kassa amtlich bestätigt! Mit uns kommandiern Se net umadum! Des fehlert no! Kummt da ohne Kranknschein eine, hat net amal a Überweisung oder an Befund mit, a medizinisches Nullerl, und mecht se da aufpudln!"

„Graucht hat er aa vurhin!" rief eine Frau dazwischen.

„Na bitte!" sagte der erste Patient. „A Simulant! Nix anders! Mi regn S net auf, Herr, i hau Ihna glei ane obe! I hab hundertzwarasiebzg Bluatdruck!"

Der Privatpatient holte einen Wachmann, vor Gericht war keiner der Kassenpatienten erschienen. Der „Private" zog seine Klage notgedrungen zurück.

Im Interesse
der Ehre

*I ded eam
scho wos
dazön
weu i bin ned
so a frau
owa mi red
leida kana au.*
       Ernst Kein

„Äusdann, i sitz beim Heurichn, sitzt ane vis-à-vis von
mir mit an riesichn Busn. De Frau hat mit ihrn Ober-
körper allan den halbertn Tisch zuadeckt. Ich muß
Ihnen sagen, Herr Rat, mich hat des überhaupt nicht
interessiert. Gusto und Ohrfeigen san verschieden.
Der Kellner kummt, i gleng um mei Viertel, kumm
dabei an de Frau an. De Musik geht vurbei, i gib
eahna an Zwanzga, kumm dabei an de Frau an. Der
Zeitungsmann kummt, i kauf ma a Zeidung, kumm
dabei an de Frau an. Was hätt i denn machn solln,
bei de gedrängten Sitzverhältnisse? Rechts von mir
der Ofn, links von mir a Holzwand. Und vis-à-vis
von mir lauta, lauta Busn.
Grad, wia i wieder vom Kellner bedient wia und a
Packl Zigarettn in Empfang nimm, regt sa se auf.
Geht haß und sagt, wann i ihr no amal ankumm,
reibts ma ane.
‚Was wolln S denn‘, sag i, ‚mit mir, an stülln Zecha,
wolln S andrahn? Wer hat denn gsagt, daß Se Ihna
zu mir setzn solln? Lassn S Ihna an Sechspersonen-
tisch reserviern, bei Ihnern Umfang!‘
A paar Minutn späda hats ma ane obeghaut. Bitte,
sie war schon betrunken. Sie hat an Kummer ghabt,
ma hat ihr angsehn, daß sie auf wem wart, und der
is net kumma. Hat sa se an mir in Zurn auslassn.

I kann mi natürlich net öffentlich haun lassn, de Leit glaubn sunst, waaß Gott was passiert is. In Wei hats ma auch umghaut dabei. Im Interesse meiner Ehre hab i de Funkstreife holn lassn."

Die Beschuldigte war nicht zur Verhandlung erschienen.

„Halten Sie Ihre Klage aufrecht?" fragte der Richter.

„Ah, laß mas", sagte der Kläger. „Die Frau hat an Kummer ghabt."

Ein gemütlicher Abend

An fuateu hod aso a aufblosboare gummibupm schau nemli den daas di ned redn kau.

Ernst Kein

„I hab an Spezl, der war mit aner behmischen Schönheitskönigin verheirat", sagte Herr W. zum Bezirksrichter. „De Frau hat mit siebzg Jahr no a Gsicht ghabt wia a Puppn aus der Jahrhundertwende, und seitdems eahm gsturbn is, is mei Spezl ganz allan.

Drum hab i eahm neilich, wia i bei an Altwarentandler a übertragene Sexpuppn hänga hab gsehn, de Puppn kauft, und hab eahms glei auffetragn; in an altn Kokskübl, wegn den i eigentle bei den Altwarentandler war, und hab zu mein Spezl gsagt, wann er wüll, kann er ses ghaltn, wann net, soll ers in Mist haun.

Mei Spezl hat über de Puppn a riesige Freud ghabt, weils in Gsicht seiner Frau so ähnlich war. Er hat ihr glei a Kladl von ihr anzogn, und hats in an Sessl zum Fernseher gsetzt.

‚Du hast ma a riesige Freud gmacht', hat er zu mir gsagt, ‚de Ähnlichkeit im Gsicht is enorm, und jetzt kann i endle so fernsehn, wia i allerweil wollt: daß sie nebn mir sitzt und des Goscherl halt. Weil sie hat ja allerweil dreingredt, und dauernd wollts a anders Programm habn, i bin eigentle nie dazuakumma, daß i ma des anschau, was i wüll. Aber jetzt is de Sache ideal: i bin net allan, und hab trotzdem mei häuliche Ruah.'

Und dabei hat er se a Glaserl Wein eingschenkt und a zweits, und hat immer mit aner gerührthämischen Freud zu ihr umegschaut. ,Dreißg Jahr hab i ma des gwunschn!' hat er zu mir gsagt. ,A Frau nebn mir,

de net raunzt, wann i was trink, und net jammert, weil i rauch. Mit dera Puppn kumm i ma ja vur wia in an künstlichen Paradies!'
,Na', sag i, ,des freut mi, daß i dir so a Freud gmacht hab. I geh jetzt wieder, weil i no an Sprung ins Kaffeehaus wüll.'
,I geh mit!' hat er gesagt und is aufgsprunga. ,Es is ja neamd da, der mirs verbiatn könnt. Gell, Weibi, du hast ja nix dagegen, i kumm eh bald, vielleicht kumm i aa a bißl später, aber des macht dir ja nix!'
Und bei diesen Worten hat er den Fotöh, wos drinn gseßn is, an Steßer gebn, daß er gegn an Kastn grollt is. Dadurch is a Begleisen, was auf den Kastn gstandn is, obegfalln und hat eahm aufs Hirn troffn. Irgendwie gschiechts eahm recht. Weil sei Frau hätt eahm aa was aufs Hirn ghaut, wann ers so unsanft behandelt hätt."
Der behandelnde Rettungsarzt („Zwa Bsoffene und a Gummimadl, des war makaber"), der von dem Wittib beleidigt worden war, zog seine Klage zurück.

*I reg mi
ollaweu
am meisdn auf
waun i meak
wia zweklos is
daas i mi
aufreg.*

Ernst Kein

Dumpfe Schläge

Der Markthelfer Martin B. lag mittags auf seiner Ottomane und wollte ein kleines Schläfchen halten. Es gelang ihm nicht, weil aus der Nachbarwohnung unregelmäßige dumpfe Töne drangen. Da der Lärm nicht aufhörte, sprang Herr B. wütend auf, öffnete ein Fenster und schrie zu seinem Nachbarn hinüber: „Was is los, glatzerter Tramwayer? Was is des für a Trummlerei? Samma in Sing-Sing, daß di mit de Nachbarn durch Klopfzeichn verständign wüllst? Gib auf den Lärm, i hab Nachtdienst ghabt und wüll a bisserl schlafn."

„Reg di net auf, Naschmarktbeisser", rief der Straßenbahnfahrer Anton U. zurück. „I werd ma doch noch a paar Schnitzln aussebochn dürfn. Soll i vielleicht des Schnitzlfleisch zwischn zwa Polster wachklopfn, nur damits kan Lärm macht?"

„Geh ins Kabinett klopfn!" schrie der Markthelfer zurück. „Durt hör is net. I wüll sofort mei Ruah habn. A Schlag no mit den Fleischschlegl und i bin drübn bei dir. Da brauchst dann ka Schnitzerl mehr. Da brauchst nur mehr a Krankenkost!"

Statt einer Antwort tönten neuerlich die dumpfen Fleischschlegelschläge aus der Wohnung des Straßenbahners. Worauf Herr Martin auf den Gang eilte und in die Nachbarwohnung eindrang.

„I hab mei Tür nie zuagsperrt, drum hat er einekönna", sagte Herr U. zum Bezirksrichter. „Er hat ma den Fleischschlegl aus der Hand grissn, hat mi bein Hals packt und hat mit den Schlegl zwamal auf mein Kopf  hinghaut. Gott sei Dank nur mit der holzernen Seitn, und net mit dera Seitn, wo de gerillte Metallplattn montiert is. Sunst hätt mei Glatzn jetzt a Muster wia a Asphaltbelag. Des hat ma davon, wann ma a Junggsell is und selber kochn muaß."

„I hab a organisches Nervnleidn", erklärte der Markthelfer. „De Schnitzlklopferei hat se anghurcht wia a Urwaldtrommel. Da hab i mi ebn zu den klan Gewaltakt hinreißn lassn. Gott sei Dank hat mei Nachbar a tadellose Schädldeckn, zwamal so stark wia a Schweinsschnitzerl."

Auf Grund eines ärztlichen Gutachtens – Herr B. ist wirklich nervenleidend – verhängte der Richter nur die milde Strafe von 48 Stunden Arrest bedingt.

Verfängliche Dialektwörter

Guad waas waun di bostla aa a bakl hausdetschn zuaschdön dadn weu do wussad i a menge adressadn.

Ernst Kein

„Alles, was recht is, Herr K.", sagte die Hausmeisterin Anna D. zu dem Postbeamten Richard K., der ihr mit schmutzigen Schuhen über den eben aufgewaschenen Gang lief. „Alles, was recht is. Aber müassen S denn mitten durchs Wasser renna! Schaun S Ihna des an: Sie hinterlassn Spuren wia a Schneemensch am Himalaja. Mir san aber net am Himalaja, sondern in Fünferhaus, wo i leider Gottes Hausmasterin bin."

„Halten S Ihna zruck", antwortete der Postbeamte. „Auf solche Vergleiche steh i net. Wissen S überhaupt, was a Schneemensch is? A Aff is des, und wann Se zu mir Aff sagn, is des a Beleidigung, auf de i Ihna klagn könnt."

„Von wo wissen denn Se, daß de Schneemenschn am Himalaja Affn san, Se Übergscheiter?" versuchte die Hausbesorgerin einzurenken. „Habn S scho amal an gsehn? Da warn scho a Schippl Expeditionen durt, und ka anzige is mit de Schneemenschn ins Gespräch kumma. Aber es, bei der Post, wißts, mir scheint, alles. Nur wia de Parteien in Haus haßn, wißts net. Sunst könnt mi net der Briaftrager jedn Tag in der Fruah fragn, ob der oder der bei uns in Haus wohnt."

22

„Frau D.", sagte
der Postbeamte.
„Stoßen S kane
Pauschalbeschuldi-
gungen aus. In den
Haus hat jede
Partei a Schippl
Untermieter, und
de Untermieter
habn wieder
Untermieter: Und
de Leut soll der

Briaftrager alle kenna? Und wissen S, wen Se kenn-
an, Frau D.? Mi kennan S, und in Briaftrager kenn-
an S a."
„So hat des Gespräch geendet", sagte Frau D. als
Klägerin. „Mit aner eindeutigen Aufforderung. Mit
an umschriebenen Götz-Zitat. Des laß i ma net
gfalln. A net von der Post."
„A eindeutiger Irrtum der Frau D.", beteuerte Herr
K. „I hab net von ‚können‘, sondern von ‚kennen‘ ge-
sprochen. In Dialekt hurcht se vü ganz gleich an."
Herr K. wurde freigesprochen.

Waun da
ana sogt
es nimt mid dia
ka guads end
daun hoda recht
weu es end
is fia uns olle
midanaunda schlecht.
Ernst Kein

Nachts auf den Schienen

„Des war a schrecklicher Anblick!" sagte der Zeuge Franz T. zum Bezirksrichter. „I geh damals durchn Prater, und wia i bei der Liliputbahn vurbeikumm, siech i an Mann am Bahnkörper liegen. Mitn Hals direkt auf de Schienen, und an Abschiedsbriaf in der Hand. Lebenszeichn hat er kans von sich gebn. Hab i net genau gwußt, habns eahm scho überführt oder wüll er erst bein nächstn Zug Selbstmord begehn. Auf jedn Fall hab i glei de Rettung verständicht."

Der verhinderte Selbstmörder war vor Gericht sehr aufgeregt. „Se habn mi in was einebracht!" rief er dem Zeugen zu. „Se Gschaftlhuaba! Wia san Se auf de Idee kumma, daß i lebensübadrüssich bin? Seit wann fahrt denn in Novemba a Liliputbahn? An klan Rausch hab i ghabt, sunst gar nix. I war grad aufn Weg zu an Postkastl, und weils so kalt war, bin i halt aufn Weg in zwa, drei Prodawirtshäuser einegfalln. Jedsmal auf zwa Stamperln, des hat mi dann umghaut. Aufgwacht bin i auf der Nervnklinik. Als Selbstmerda!"

„San S froh, daß i Sie von de Schienen wegtragn hab lassn", entgegnete der Zeuge gekränkt. „Glaubn S, weil in Winter ka Betrieb auf der Liliputbahn is,

24

warn S net gefährdet? Braucht nur a Sonderzug kumma, und Se san maukas. Aber was reg i mi do überhaupt auf, mi geht ja de ganze Gschicht nix mehr an. Wegn was habn S mi denn überhaupt als  Zeuge bestellt, Se Rumbuttn? Se san do angeklagt, weil S an Sanitäta von der Rettung a Tetschn gebn habn. Da war i gar nimmer dabei."

„Wiaso warn Se da nimmer dabei?" sagte der Angeklagte. „Zerscht verständichn S de Rettung und dann verzupfn S Ihna, bevur der Abtransport beendigt is? I hab glaubt, Se werdn mir bestätichn könna, daß i nur in mein Rausch renitent gwesn bin."

„I kann auf jedn Fall bestätichn, daß Se wia a Leich auf den Gleis glegn san", sagte der Zeuge. „Wann i gwußt hätt, daß der Briaf in Ihnara Hand ka Abschiedsbriaf is, hätt i ja gar ka Rettung alarmiert. Nächstesmal misch i mi in so was überhaupt nimma drein. Von mir aus kann se aner von aner Dampfwalzn überführn lassn."

Es wurde ein Freispruch wegen Volltrunkenheit gefällt.

Maulwurf im Wintergarten

I hob zwoa
scho maunches fiich
min auto iwafiad
owa dafia
bini zu mein
measchweindl
besondas liab.

Ernst Kein

„I hab scho von vül Viecher ghört, die ma in an Haushalt hat", sagte Kläger Richard R. zum Bezirksrichter. „Katzn, Hund und Vögl. Klane Afferln und Meerschweinderln. Aber daß se jemand an Mäuwurf in der Wohnung halt, des is ma neich. No dazua an, der was beim Nachbarn a Loch in de Wand grabt. Das geht doch a bisserl zu weit!"

„Redn S net so gschwolln daher", unterbrach die Nachbarin, Frau Julie P. „Se wissn genau, daß des klane Maulwürferl ohne mein Wissn in meine Wohnung gekommen ist!"

„So, so!" lachte der Kläger hämisch. „Über d Stiagn vielleicht, zu Fuaß, mitn Huat in der Hand!"

„Nein!" rief Frau P. „De Gärtner habn mirn bracht! Mit der Erdn, fürn Wintergartn! I hab mir nämlich, Herr Rat, in mein Wohnzimmer an herrlichen Wintergartn anlegen lassn. Des war mei Traum seit mein letztn Italienurlaub.

Zwei Drittel von mein Wohnzimmer san jetzt a südlicher Garten. Grad, daß i no a Eckerl fürn Fernsehapparat frei hab. Wissn S, wia schön des jetzt im Winter is? Da haz i ma bacherlwarm ein, stell ma den Liegestuhl und a Campingtischerl unter die Zimmerpflanzen und tua im Badeanzug fernsehn. Dann kumm i ma vur wia in Jesolo!"

„Bitte, keine Urlaubserinnerungen", unterbrach der Kläger.
„Gestehn S liaber dem Herrn Richter, daß sich Ihr Mäuwurf von den Zimmerschrebergartn a Loch in mei Schlafzimmer grabn hat.

Derzähln S es nur! Wäu sunst derzähls i! Und wann i derzähl von den Schrockn, den i ghabt hab, wia auf amal um zwölfe in der Nacht nebn mein Bett a schwarzes Köpferl aus der Wand gschaut hat, dann kann des für Sie sehr unangenehm sein! Dann habn Sie nämlich noch eine Gefährdung meiner Gesundheit zu verantworten."

Von der harten Rede des Nachbarn eingeschüchtert, begann Frau Julie zu weinen. „I kann do nix dafuar", schluchzte sie. „De Gärtner habn ma für mein Wintergartn fuffzehn Buttn Erdn in de Wohnung bracht. Und da muaß des Viecherl halt dabeigwest sein.

Mir is ja nach drei Tag selber aufgfalln, daß so klane Bergerln zwischen de Pflanzn warn. Aber mir hat das sehr gfalln. Des hat so guat dazuapaßt, zu meiner südlichen Gartenlandschaft!"

„Ein ungewöhnlicher Fall", meinte der Richter. „Sie sagen also, Herr Kläger, das Tier hat Ihre Wand durchbohrt?"

„Ja, freule", versicherte Herr R. „Bitte, durchbohrt kann ma net guat sagn, er is ja kein Mineur. Mit de Pratzn hat er se halt a Loch, man kann fast sagn,

27

einen Tunnel, bis zu meinem Bett grabn. Wahrscheinle hat er an Hunger ghabt. I hab nämlich Würmer."

„Im Körper?" fragte ein Anwalt.

„Naa, im Einsiadglasl. I hab nämlich ein Aquarium. Und unter mein Nachtkastl steht immer des Fischfuader. Der Mäuwurf muaß des grochn habn."

„Wo ist das Tier jetzt?" wollte der Richter wissen.

„Keine Ahnung", sagte der Kläger. „I hab des Viech nur einmal im Leben gsehn. Wia gsagt, um Mitternacht wars. I hab grad in den Buch ‚Der Graf von Monte Christo' glesn ghabt. I drahs Liacht oh, und bin noch ganz beeindruckt von der Stell, wo se der Graf von Monte Christo durch die Gefängnismauer an Gang in die Freiheit grabt. Auf amal hör i in der Finsternis a Kratzn und Schabn an der Wand. Ma hat direkt ghört, wia nebn mein Bett der Mörtl von der Mauer fallt.

Nachdem i ein überaus sensibler Mensch bin, habn se bei mir vor Entsetzn sofort alle Haar aufgstellt. Auf de Wadln, am Buckl. I bin im Bett glegn wia auf aner Bürschtn.

I knips dann zitternd des Lamperl an, siech des Loch, und siech, wia a klaner, schwarzer Schädl ausseschaut. Zwa Sekunden hat mi des Viech mit seine Gluathäferln, mit de klan, funkelndn Äugerln angschaut. Dann is er wieder zruck, zur Frau Nachbarin.

Ma muaß sowas einmal im Lebn mitgmacht habn, um zu wissn, wie da die Angst einem Menschen ans Herz greift. Und da weigert sich dann noch die Schuldige, die Reparatur zu bezahln."

„Ich zahl des Lochverputzn und sunst nix!" sagte Frau P. „Aber Se habn Ihna des ganze Schlafzimmer neich ausmaln lassn! Mit Seidnglanz und Gold am

Plafond und habn mir de Rechnung gschickt. Se glaubn anscheinend, weil i an Maulwurf ghabt hab, muaß i aa an Vogl habn!"

Die Parteien verglichen sich. Frau P. zahlt nur den Verputz des Maulwurfloches.

Sturm ums Wasserglas

I siz
liawa gsund
in an kafeehaus
oes daas i graung
in wiinawoed
schbazian gee.
Ernst Kein

„Herr Leo!" rief klagend der Pensionist Rudolf J.
dem Oberkellner seines Stammkaffeehauses zu.
„Herr Leo! Wia oft muß i Sie denn noch bittn, daß
Sie mir net immer so a eiskaltes Wasser zum Kaffee
serviern! Der Schlund gfriert an ein, wann ma an
Schluck macht! I bin doch ka Pinguin, daß i mi nur
in an flüssigen Eis wohlfühl! Immer, wann i bei Ihna
a Wasser trunkn hab, hab i nachher tagelang Hals-
weh!"
„Trinken S eben net so vül Wasser, sondern bestellen
S Ihna halt amal was anders", entgegnete der Kell-
ner. „Jetzt sitzn S seit neune in der Fruah da und
habn erst an klan Mokka konsumiert. Und jetzt
hamma glei Sperrstund. Alles, was recht is, aber
daß Se jetzt no Sonderwünsche wegn der Wasser-
temperatur äußern, is a Unverfrorenheit!"
Und griesgrämig nahm der Kellner das Tablett mit
den drei Wassergläsern zurück und brachte dem
Pensionisten neues Wasser. Herr J. kostete vorsich-
tig und zeigte sich zum zweitenmal sehr ungehalten.
„Des hab i mir net verdient, daß Se mi pflanzn!" rief
er aus. „Jetzt bringen S mir a ohgstandenes, lau-
warmes Gschlader, des was wahrscheinle ausn
Ohwaschwandl stammt! Was is denn los mit Ihna,
Herr Leo? Habn S was gegn mi? In den Wasser, was
S ma jetzt bracht habn, wurat a jeder Goldfisch hin!

I sieh schon, i muaß mir auf meine altn Tag noch a anderes Kaffeehaus suachn." Da mischte sich ein anderer Gast ins Gespräch. „Wann i der Ober war", sagte er, „nehmat i Ihna und hauat Ihna durch  Sunn und Mond! Sowas Sekkantes hat de Welt no net gsehn! Soll ma Ihna des Wasser vielleicht mit an Thermometer serviern? Se habn mir scheint ka Alte daham, de was S sekkiern können. Drum lassn S Ihnere Launen bein Ober aus."

„Wer fragt denn Ihna, Se Fremdling!" antwortete Herr J. „Mischn S Ihna net in meine Angelegenheitn, sunst san Se derjenige, der was bei der Tür aussefliagt! Seit drei Stund schnapsn Se da, und weil S a paar Liter Wein verlurn habn, wolln S jetzt stänkern? Herr Leo! Bringen S mir noch zwa Glasln Wasser und haun S den Herrn ausse!"

Der Ober sagte als Zeuge: „Daß wegn so an Bledsinn bei uns a Streiterei aussekummt, hätt i mir nie denkt! De zwa Herrn habn se Ausdrücke anan Kopf gworfn, wia s in kan Dialekt-Wörterbuach drinnenstehn. I trau Ihna de Ausdrücke gar net wiederholn, Herr Richter, weil Ihna Fräuln Schriftführerin is mir scheint no minderjährig."

Herr J., der den fremden Gast geklagt hatte, nahm schließlich eine Entschuldigung entgegen und stimmte einem Vergleich zu.

Lockende
Germknödel

*Es lebn
is do ee
so bita
oeso wiari ma
do maunchesmoe
wos siasses
faguna diafn.*
                Ernst Kein

„Ihre Frechheit ist verblüffend", sagte der Richter zu dem 50jährigen Asylbewohner Franz M. „Sie haben dreimal im selben Gasthaus die Zeche geprellt. Immer an einem Freitag."

„I hab der Verlockung net widerstehn können", jammerte der Beschuldigte. „Anan Freitag hat der Wirt so guate Germknedln. Leisten kann i mirs net, bin i halt immer vurn Zahln wegganga. De Germknedln müasserten S amal kostn, Herr Richta! Dann könntn S mi verstehn."

„Hatten Sie nicht Angst, Sie könnten beim zweitenmal wiedererkannt werden?" fragte der Staatsanwalt.

„Nein, nein", meinte der Angeklagte. „Da hab i scho aufpaßt. Des erstemal hab i draußt beim Kellner geßn, des zweitemal in Extrazimmer. Durt serviert de Tochta. De siecht se net amal selba, so kurzsichtig is des Madl."

Richter: „Und am dritten Freitag wurden Sie festgenommen?"

Beschuldigter: „Ja. Da habns scho auf mi glauert. Aber i bin Gott sei Dank erscht verhaft wurdn, wia i mei Portion Germknedln scho vertülgt ghabt hab. An Knedl hab i no in Hosnsack mit auf de Polizei gschwindelt. Ja, ja! Wer de Mehlspeisn von den

Wirtn net kennt, kann in der Angelegenheit gar net
mitredn."
Das Urteil lautete auf zehn Tage Haft, da der Ange-
klagte schon vorbestraft war.
„An de Fasttag werd i von de Germknedl trama",
sagte der Verurteilte, bevor er abgeführt wurde.

Der gestohlene Bierwärmer

*Bei unsan wiat
do is no
richtig gmiadli
zumindest
waun di
funkschdraf
wiida fuat is.*
Ernst Kein

„Der Polatschek is a Kleptomane", sagte Herr T. zum Bezirksrichter. „Der steckt Sachn ein von ganz geringem Wert, de was er gar net braucht; aber des is eben sei Krankheit. Vorn Polatschek is nix sicher, net amal a Sicherung. Amal samma in Kaffeehaus a Stund lang in Finstern gsessn, weil der Polatschek de Sicherungen aussedraht hat.

Neilich aa: I sitz in Kaffeehaus, bei an Glas Bier, hab in den Glas an Bierwärmer drin, kummt der Polatschek vurbei, und wia i mi umdrah, is der Bierwärmer weg. I hab grad no gsehn, wia eahm der Polatschek in de Hosntaschn steckt.

Sag i zur Kellnerin: ‚Der Polatschek hat grad den Bierwärmer entwendet. Er hat eahm in der Hosntaschn. Gengan S hin und nehmen S eahman wieder weg.‘

Schaut de Kellnerin aufn Polatschek, der was grad bein Telefon gstandn is, des kann er net entwenden, weils angschraupt is, und sagt: ‚San S sicher, daß des der Bierwärmer is?‘

‚Na‘, sag i. ‚Hörn Sie, was glaubn S denn sunst? Glaubn S, der Polatschek hat so an großn Haustorschlüssl in der Taschn? Oder was sollts sunst sein, Fräuln Mizzi?‘

Sagt die Mizzi: ‚Des kann der Bierwärmer sein oder

34

aa net. I geh
jednfalls net hin
und steß eahm.
Weil wann des ka
Bierwärmer is, bin
i de Blamierte.'
‚Na', sag i. ‚Fräuln
Mizzi, ich weiß
nicht, was Se für
Gedanken habn,
es is auch Ihre
Angelegenheit, net

wahr, weil Gedanken sind zollfrei; aber wenn Sie
glauben, daß dieses mehrere Zoll lange Etwas net
der Bierwärmer is, dann sind Sie eben im Irrtum,
weil i hab ja genau gsehn, wia er eahm eingsteckt
hat. Wann S Ihna net traun, geh halt i hin.'
Drauf bin i zum Polatschek hinganga, hab eahm
aufn Hosnsack klopft und hab gsagt: ‚Herr Polat-
schek, was habn S denn da wieder drin? Was is denn
des? Scheniern S Ihna net?'
Drauf hat ma der Polatschek a Watschn gebn, wobei
sich in weiterer Folge herausgestellt hat, daß er den
Bierwärmer in der Brusttaschn ghabt hat. I hätt auf
de Fräuln Mizzi hurchn solln, a Frau hat für sowas
an besseren Blick."
Herr Polatschek gab eine Ehrenerklärung ab.

Blumen- und Knödelfreund

Iwad rosgnedln
kaunsd song
wosd wüsd
owa sovüü blei
woa ned drin
oes wia heite
im benzin.

Ernst Kein

„I bitt die Justiz vülmals um Entschuldigung, daß i mi an den Herrn vergriffn hab", sagte der Pferdefuhrwerker Georg T. zum Richter. „Aber sowas Zuadringliches wia den Menschen gibt's ka zweitesmal. Dauernd kräult er mit aner Mistschaufl und an Kübl bei meine Pferd umadum und wart, bis de Viecher a Roßknödl falln lassn. Meine Pferd werdn scho scheuch, wanns eahm von der Weitn kumma sehn. Is ja ka Wunder. War uns Menschn a net recht, wann dauernd aner bei uns war, der was wart, bis ma was falln lassn."

„I brauch den Pferdemist als Dünger für meine Blumen", meinte der Kläger Alois V. „Es gibt nix Besseres für a Blattpflanzn als zerstessene Roßknödln. Jahrelang bin i scho Abnehmer bein Herrn T. seine Rösser. Auf amal kriagt er an Rappl und haut ma in Peitschnstül übern Schädl. Gebn S eahm a Geldstraf, Herr Richter, und schreibn S ins Urteil eine, daß i mir weiterhin bei seine Rösser mein Dünger holn derf."

„Kommt nicht in Frage!" wehrte sich der Fuhrwerker gegen diesen „Vorschlag" des Klägers. „Der Mann derf mein Fiaker nimmer in de Näh kumma! I hab eahm nämle in Verdacht, daß er denan Rösser a Abführpulver eingibt, damits mehr Dünger produzieren. Er füaderts manchmal mit an Würflzucker, und i glaub, daß er zwischn de Zuckerwürfln de Abführtabletterln in der Hand hat." „Ah! So tuan Se mei Tierliebe mißverstehn!" sagte Alois V. gekränkt zu

dem Fuhrwerker. „Na ja, was wüll ma denn von so an habn! Nach dieser Verdächtigung kummt natürlich a Geldstraf nimmer in Frage, Herr Richter! Sperrn S eahm vierzehn Tag ein. I kümmer mi derweil um seine Pferd. Wenigstens kumm i zu an anständichn Wintervurrat an Roßknödln."
Der Fuhrwerker wurde wegen tätlicher Ehrenbeleidigung zu 48 Stunden bedingtem Arrest verurteilt.
„Wannst no amal in de Näh kummst, schiaß i dir mit an Roßknödl a Aug aus!" drohte der Verurteilte dem Düngersammler.

Geschichten mit der Müllerin

A drotschn
bini wiakli ned
owa wauma so füü
neiigkeitn waas
wiari
daun deaf mas
afoch ned
bei sich behoedn.
Ernst Kein

„Vis-à-vis von uns wohnt de Frau Müller", sagte Herr W. zum Bezirksrichter. „Wann de Müllerin bein Fenster außeschaut, siechts in unser Wohnung eina. De Müllerin is ziemle guat mit meiner Frau und außerdem a Gatschn. Wann mei Frau am Land is und i auf d Nacht net daham bin, derzählt des de Müllerin meiner Frau.

Aus den Grund muaß i so tuan, wia wann i daham war, aa wann i net daham bin, damit de Müllerin glaubt, i bin daham. I praktizier des auf a anfache Art, weil vül Gschichtn mach i net wegn der Müllerin. I schalt in Fernseher ein und spendl am Fotöh an Luftballon an. I hab an, mit Uhrwaschln, den blas i auf und häng eahm in Fotöh eine. Der schaut dann a bissl über de Lehne, und de Müllerin glaubt von der Weitn, daß des mei Kopf is. Des is zwar primitiv, aber vül Gschichtn mach i net wegn der Müllerin.

I kann aber net stundenlang bewegungslos vurn Fernseher sitzn, des glaubt ma net amal de Müllerin. I muaß schaun, daß se der Kopf manchmal a bisserl bewegt, und zu dem Zweck hab i an gwehnlichen Zwirnsfaden zu unsern Kanarevogl umegspannt. Der Zwirnsfaden hängt an der Hutschn von unsern Kanarevogl, und wann se der Kanare hutscht, be-

wegt se der Ballon.
I könnts natürle
komplizierter
machen, aber vül
Gschichtn mach
i net wegn der
Müllerin.
Natürle kummts
vur, daß der
Kanarevogl bei an
langweiligen Pro-
gramm frühzeitig
einschlaft. In dem Fall muaß i eahm leider ab und
zu aufwecken: I ruaf mei Telefonnummer an, der
Kanare wacht auf und fangt se zum hutschn an. Des
is ganz einfach, weil vül Gschichtn mach i net wegn
der Müllerin.
Unlängst hab i ma von der Weitn angschaut, wia des
Ganze funktioniert. An Stock unter der Müllerin
bin i in der Müllerin ihrn Haus beim Gangfenster
gstandn und hab zu mir umegschaut. Hat alles
geklappt: der Kanare hat se ghutscht und im Fotöh
hat se mei scheinbarer Schädl bewegt. Grad, wia i
ma denkt hab: jetzt kannst beruhigt furtgeh, um a
neune rufst dann zur Sicherheit in Vogel an, steht de
Müllerin nebn mir. Mit an Fernglasl. Sie hat mi an
Tierquäler ghaßn und hat ma zwa Watschn gebn;
hab i zruckghaut. Weil vül Gschichten mach i net
mit der Müllerin."
Frau Müller zog ihre Klage wegen tätlicher Ehren-
beleidigung zurück.

Ein Markenhund

Fon de hund
des waas i
beist mi kana
weu de gschbian
woascheinlich
i bin söwa ana.
Ernst Kein

Als Frau Berta N. vor einigen Wochen ein Postamt betrat, geriet ihr tierliebendes Herz in arge Aufregung. Ein Hund unbestimmter Rasse saß mit heraushängender Zunge vor seinem Herrl. Und dieser Mann, der eine Menge Post zu frankieren hatte, befeuchtete jede Briefmarke an der Zunge des Hundes, bevor er sie auf die Kuverts klebte.

„Sowas is ma no net unterkumma!" rief Frau N. dem Hundebesitzer zu. „Scheniern S Ihna net, des arme Viech so zu mißbrauchn! Schlecken S Ihna de Markn selber oh, Se Feinspitz! Wia kummt denn der Hund dazua! I werd des der Edith Klinger schreiben, die kummt persönlich über Sie."

„Redn S Ihna in kan Wirbl", sagte der Mann. „De Markn san für mein Bauxl a Delikateß. Der kanns gar net derwartn, bis er mit mir auf de Post gehn kann. Aber, bitte, wann Ihna des Viech lad tuat, steckn halt Se de Zungan auße. A zwanzg Markerln hätt i no zum naßmachn."

„Der Tierquöla is dann so gemein wordn, daß i an Wachmann gholt hab", berichtete Frau Berta N. dem Richter. „Er hat sei Hintergstell mit aner Briafmarkn verglichn, und hat ma a unseriöse Aufforderung gstellt. I bitt um a strenge Straf für den Menschen, und nehman S eahm, bitte, auch den armen Hund weg!"

„Des mitn Götzzitat stimmt net", verteidigte sich der Beschuldigte. „Und mit der Tierquölerei stimmts aa net. Schaun S, Herr Richter, des is doch a Knochnleim, was auf de Markn drauf is. Und jeda Hund steht auf

Knochn. Drum schleckt mei Bauxl so gern de Markn oh."

Frau N. konnte für die angebliche Beleidigung keine Zeugen namhaft machen. So wurde der Angeklagte freigesprochen. Der Richter bemerkte allerdings so nebenbei, daß Briefmarken heutzutage nicht mehr mit Knochenleim imprägniert seien.

Zwischen Himmel und Erde

*I bin dafia
daas ma sein
nochboa hüft
wo ma nua kau.
drum faschoff i
meinen nochbasleid
dazua efta
a gelegnheid.*
                Ernst Kein

„I steh damals am Balkonglander", berichtete der Beschuldigte Hans F. „Anghängt mitn Fensterputzgürtel von meiner Frau, und reparier mei Fernsehantenne. Auf amal rutsch i aus. Fall anderthalb Metta tiaf. Häng zwischn Himml und Erde, und waß net, wia i wieder auf mein Balkon auffekumm.
In den Moment macht der Herr Tuschek, mei Nachbar, sei Fenster auf und straht Brotbreserln aufs Fensterbrettl. I schrei: ‚Helfn S ma!' Er schreit zruck: ‚Ja, ja, kalt wird's!' I wink eahm verzweifelt. Er winkt freundle zruck. I deut auf den Gürtl um mein Bauch, zeig in de Tiefe. Er ruaft ume: ‚Ja, ja, immer fleißig!'
Dann hat er mir no amal zuagwunkn und hat sei Fenster wieder zuagmacht. Untn war lauter Nebl, niemand hat mi hänga gsehn.
Zehn Minutn bin i in der Luft geschwebt, bis mei Frau vom Einkaufn zruckkumma is. Weitere zehn Minutn hats dauert, bis i ihr ohganga bin. Dann hats mi endlich mit drei Nachbarsfrauen wieder auf den Balkon zurückgezogen.
Nach aner klan Stärkung bin i sofort zum Herrn Tuschek umegrennt und hab eahm zur Red gstellt, weil er ka Hülf verständigt hat. Hat er se dumm

42

gstellt. Dadurch
is es zu der Aus-
anandasetzung
gekommen, wegn
der er mi no klagt
hat."

„Des hoche Gericht
kann ma glaubn,
daß i de ver-
zweifelte Situation
meines Herrn
Nachbarn net

erkannt hab", erklärte der Kläger. „Erschtens war a
Nebel; zweitens hab i, seitdems kalt wordn is,
immer a Watta in de Ohrn und versteh ka Wurt. I
war der Meinung, der Herr Nachbar hat se absicht-
lich vom Balkon obelassn, weil er eahm vielleicht
streichn wüll. Er hat mirs net glaubt, wia er zu mir
kumma is. Er is immer zurniger wordn und hat mi
schließlich so zum offenen Fenster gedrängt, daß i
glaubt hab, er wüll mi jetzt auf Rewantsch obehaun.
Da hab i um Hülfe gschrian."

Hans F. wurde freigesprochen. Das Gericht billigte
ihm große Erregung nach dem vorangegangenen
Absturz zu.

„Wie hoch wohnen Sie denn?" fragte der Richter ab-
schließend.

„In Hochparterre", sagte der Kläger verächtlich.
„Aufgregt hat er se, wia wann er in der Eigernord-
wand ghängt war."

Fremder vor Gericht ...

*Warum
farod ma des
soli de
dschuschn woen
waun i oft
ned amoe
mi söwa wüü.*
Ernst Kein

Bei der Verhandlung gegen einen jugoslawischen Staatsbürger, der wegen eines Verkehrsvergehens angeklagt war, wartete man vergebens auf den bestellten Dolmetscher.

Bezirksrichter: „Ist der Beschuldigte der deutschen Sprache überhaupt nicht mächtig?"

Verteidiger: „Man kann sich mit ihm verständigen."

Bezirksrichter, langsam, zum Beschuldigten: „Warum haben Sie Ihr Fahrzeug so unsachgemäß bedient?"

Verteidiger: „Das versteht er nicht. Er versteht nur einfache Worte. Richter fragen, warum du so schlecht fahren?"

Beschuldigter: „Ich nix schlecht fahren. Andere Mann schlecht fahren."

Verteidiger: „Du nix schlecht fahren?"

Staatsanwalt: „Natürlich er schlecht fahren."

Beschuldigter: „Ich nix schlecht fahren."

Staatsanwalt: „Du schlecht fahren! Hier Protokoll!"

Beschuldigter: „Protokoll nix gut!"

Staatsanwalt: „Du nix gut! Protokoll gut!"

Verteidiger: „Protest! Das gute Mann! Ich wissen!"

Beschuldigter: „Ich gute Mann. Ich gute Autofahre."

Staatsanwalt: „Du gute Autofahre? Ich nix lachen. Du machen kaputt Kuh."

44

Beschuldigter: „Was Kuh?"
Verteidiger: „Muuuh!"
Beschuldigter, ein verächtliches Ausspucken imitierend: „Ich nix machen kaputt Mukuh. Tui. Andere Mann machen kaputt Mukuh, Tui. Nix ich."
Staatsanwalt: „Duu! Nix spucken hier!"
Verteidiger: „Er nix spucken! Nur machen wie spucken! Er nix spucken!"
Bezirksrichter: „Bitte, aufhören. Ich vertage die Verhandlung. Der Herr Beschuldigte kann nach Hause gehen."
Der Beschuldigte bleibt sitzen.
Verteidiger: „Gemma."
Der Beschuldigte versteht noch nicht.
Bezirksrichter: „Sie können gehen! Nach Hause!"
Beschuldigter, sich verbeugend: „Danke. Fir Freispruch."
Staatsanwalt, dem Beschuldigten nachrufend: „Nix Freispruch!"
Als Antwort kam vom Gang her nur noch ein „Tui" zurück.

Helfer in Not

Herr U. ging an einem Sonntag an einer Baustelle vorbei und sah eine Frau, die weinend auf einem großen Rohr saß, das neben der Baustelle lag. Manchmal beugte sich die Frau zu dem Rohr hinunter und rief verzweifelt „Minki! Minki!" hinein.

„Was is denn gschehn, Frauerl?" fragte Herr U. „Is in den Wasserrohr jemand drin, weil S immer Minki eineschrein?"

„Mei Katzerl hat se in den Rohr verkräult", schluchzte die Frau. „Seit a paar Stund sitzt s scho drin und kummt net auße. I bin leider zu dick, sonst wär i scho einekrochn und hätt mir s außegholt. Bitte, bitte! San S so liab und helfn S ma, Herr!"

„Hörn S auf zum wana", sagte Herr U. und zog seinen Rock aus. „Des wer ma glei habn. I kräul halt eine und hol Ihna es Katzerl auße."

Von vielen Dankesworten begleitet, steckte Herr U. vorsichtig Kopf und Arme in das Wasserrohr und arbeitete sich langsam vor. „I siech de Katz scho sitzn", waren seine letzten Worte, die man vernahm. Dann befand er sich bereits bis zum Gürtel in der Röhre, und man hörte seine Stimme nicht mehr.

Frau Cäcilie F., die Katzenbesitzerin, wurde nun das Opfer eines Mißverständnisses. Sie bemerkte, daß Herr U. mit den Hüften wackelte, und war der Mei-

46

nung, der Mann wolle noch ein Stückchen in das Rohr hinein. Deshalb packte sie ihn bei den Füßen und schob kräftig an.
In Wahrheit wollte Herr U. aber so schnell als möglich aus dem Rohr

wieder heraus. Frau Cäcilie verhinderte dies und schob ihren Helfer immer wieder hinein.

„Es war fürchterlich", schilderte Herr U. sein Erlebnis vor dem Bezirksgericht. „Vier glühende Augen habn mi in der Finsternis angschaut. A Faucherei is anganga, und dann hab i scho de Krralln im Gsicht gspürt. De Katzn habn mi hergricht, wia wann i mitn Kopf in a Häckselmaschin einekumma war. In meiner Todesangst hab i zruck wolln, aber de Frau hat mi net laßn! Wia mi de ane Katz in d Nasn bißn hat, hab i mit übermenschlicher Kraft de Frau in Bauch tretn. Da hat s mi loslaßn. I bin aus den Rohr außegschoßn wia a Granatn, was verkehrt losgeht."

„Hab denn i gwußt, daß mei Minki in den Röhrl mit an Kater beinander is?" weinte Frau Cäcilie vor Gericht. „Der Herr war zerst so liab und nachher so fuchsteufelswild, daß er mi alles ghaßn hat, was Gott verbotn hat."

Frau F., die geklagt hatte, zog ihre Klage zurück und entschuldigte sich noch viele Male bei Herrn U.

Aufgerissene Straßen

Warum
oes iwaroe
di schdrossn
aufgrom
waas ka hund
owa woascheinli
brauchns
goa kan grund.
Ernst Kein

„Jetzt sagn S ma amal ehrlich", sagte Herr Viktor E. zu einem Straßenarbeiter, dem er eine Viertelstunde lang bei seiner Tätigkeit zugesehen hatte. „Jetzt sagn S ma amal ehrlich: Wegn was grabts es de Straßn scho wieder auf? In Mai habts aufgrissn, in Juli zuagschütt, und jetzt schaut des Trottoir scho wieder aus wia a Schützngrabn."

Arbeiter Karl G., der gerade Frühstückspause machte, hatte anscheinend Lust zu einer kleinen Unterhaltung. Jedenfalls blickte er sich geheimnisvoll um und sagte dann:

„Jetzt, wo der Vurarbeiter grad bein Brandweiner is, kann is Ihna ja sagn, warum ma wieder alles aufreißen: Unser Polier is a Pfeifenraucher, und in Juli, wia ma de Straßn offn ghabt habn, is eahm sei Pfeifnstierer in Grabn gfalln. Er war a Erbstückl von sein Vodern, und unser Polier hat sie so kränkt, wia er sein Pfeifnstierer nimmer gfundn hat und mir zuagschütt habn, daß er seitn Juli in Kranknstand is.

Jetzt is in Altn zbled wurdn. ‚Reißts de Gassn no amal auf!' hat er gsagt, ‚damit in Benesch sei Pfeifnstierer wieder herkummt. I brauch den Benesch wia a Stückl Brot.'

48

Drum hamma jetzt de Seitn no amal aufgmacht. Der Benesch waß aber net genau, wo er sein Pfeifnstierer anbaut hat. Mir werdn deshalb gezwungen sein, de ganze Lindengassn no amal aufzreißn, und

wann ma den Stierler durt a net findn, müaß ma obe arbeitn bis zur Mariahülfer Straßn. Und des alles grad vur Weihnachtn, wos nur so wurlt vur lauta Leut auf der Mariahülfer Straßn."

Herr E., der wortlos zugehört hatte, nickte einige Male und ging dann in Gedanken versunken weiter. In zwanzig Meter Entfernung blieb er stehen und schrie zurück: „Bleder Bua! Wannst mi häkeln wüllst, muaßt früher aufstehn! Armloch, tepperts!"

Die Beschimpfung hörte der zurückkehrende Vorarbeiter und bestand auf einer Anzeige. Die Verhandlung gegen Herrn E. endete mit einem Freispruch wegen berechtigter Erregung.

Der falsche Schnurrbart

Maunxmoe
muas sogoa
a bompfinebra
lochn
weu oeweu
draurig sei
is a ned
lusdig.

Ernst Kein

„Alsdann, de Gschicht war a so", berichtete Herr R. dem Bezirksrichter. „I hab an Spezl ghabt, der is scho gsturbn, und i hab a Büldl ghabt, wo mir zwa mitanander drauf warn. Und neilich is sei Witwe zu mir kumma und hat mi angwant, ob i ihr net de Fotografie gabert, sie mecht so gern a Büldl von ihrn Mann auf sein Grabstan habn. Sie hat gsagt, es gibt sunst ka guats Büldl von eahm, außer a, zwa, drei, wo er in Jesolo in der Sunn liegt, und da san bei ihr de Erinnerungen no zu stark, a so a Büldl mecht s net aufn Grabstan habn.

Hab i ihr halt meins gebn, und sie hats an Stanmetz gebn, damit er se den Verblichenen wegschneidt; und wia der Stanmetz ferte war, hat s mi gebeten, i soll aufn Friedhof vurausfahrn und schaun, wia de Sache wurdn is, sie kummt glei nach.

I kumm hin zu den Grab, hats mi vur Schrecken fast aus der Panier ghaut. Der Stanmetz hat se nämle geirrt ghabt und hat statt mein Spezl sein Kopf den meinigen auf den Stan auffegmacht. Wia i mi selber auf den ovalen Emäulbüldl gsehn hab, hab i sofort a paar ohdirrte Staudn drüberglahnt und hab mit den Stanmetz telefoniert.

Zerst hat er gsagt, des gibts net, und hat so tan, wia

wann er mit an
Geist redert;
dann hat er se
entschuldigt, und
hat gsagt, i muaß
zuageben, daß
zwischen mir und
meinem Freund a
starke Ähnlichkeit
bestanden hat. Und
wia i eahm gsagt
hab, daß mei Spezl

a Fiaker war mit an aufdrahtn Schnurrbart und i
allweil glatt war, hat er gsagt, i soll mi net aufregn,
sunst trifft mi der Schlag und i kann mi glei unter
mein Büldl dazua legn lassn.
Nachdem i gwußt hab, daß de Witwe jedn Moment
eintreffen wird, wollt i ihr den entsetzlichen Schock
ersparn und hab gschwind mit an Fülzstift an auf-
drahtn Schnurrbart auf mei Büldl auffegmalnt; und
dann wars scho da, die arme Haut. Sie war so ge-
rührt, daß am Anfang des retuschierte Büldl nur
durch an Tränenvurhang gsehn hat. Sie war ganz
begeistert, aber dann hat s des Büldl zum Poliern
angfangt, und mehr brauch i Ihna ja net sagn. Der
Stanmetz kann des gar net verantwurtn, was er ma
mit dera Pfuscharbeit antan hat!"
Frau Anna L. hatte einen Schreikrampf erlitten und
in einem Anfall von Sinnesverwirrung den völlig un-
schuldigen Herrn R. attackiert. Der Steinmetz hat
den Irrtum bereits korrigiert; er muß an Frau L. und
Herrn R. ein beachtliches Schmerzensgeld zahlen.

Ein Hausmeister kommt selten allein

A jugoslawische hausmasdarin is fia goanix guad fon de eafoad ma ned amoe wos si beid aundan hausbadein duad.

Ernst Kein

„Unser Hausmaster halt se an Hausmaster", berichtete Herr T. dem Bezirksrichter. „Er selber tuat jetzt in Summa in Kottöschviertel bei de reichn Leit de Swimmingpuhls reinigen. Da verdient er so vül, daß er se an Hausmaster zum Hausreinign haltn kann, und es bleibt eahm so a schöne Marie über.

Der Hausmaster, den se unser Hausmaster halt, halt se aber wieder an Hausmaster. An Jugo. Der Jugo putzt unser Haus, und der Hausmaster, den se unser Hausmaster als Hausmaster halt, fahrt derweil auf an Taxi. Da verdient er gut, hat außerdem das Geld, was eahm unser Hausmaster gibt.

Der Jugo, den se der Hausmaster, den was se unser Hausmaster als Hausmaster halt, als Hausmaster halt, halt se aber wieder an Hausmaster. An Landsmann, ohne Arbeitsbewülligung. Der putzt unser Haus, und der andere Jugo is in der Zeit Koch in an jugoslawischen Restaurant. Da verdient er sehr schön und hat außerdem des Geld, was eahm der Hausmaster gibt, den se unser Hausmaster halt.

Jetzt hat aber der zweite Jugo – wia was i net – eine Arbeitsbewülligung kriagt und arbeit jetzt aufn Bau. Da verdient er sehr schön. Damit er aber net auf des Geld als Hausmaster verzichtn muaß, was eahm der Jugo gibt, den se der Hausmaster, was se unser Hausmaster als Hausmaster halt, als Hausmaster halt, halt er se ebenfalls an Hausmaster. Und wissen S, wer des is? Unser Hausmaster. Den hat er kennaglernt, wia er am Bau auf aner Villa war und unser

Hausmaster durt grad an Swimmingpuhl greinigt hat.

Jetzt is unser Hausmaster statt an anderen Hausmaster wieder bei uns Hausmaster. Was natürlich für eahm a Vurteil is. Weil er kriagt jetzt net nur des Hausmastergeld von uns, sondern aa von den Hausmaster, den se der Hausmaster statt den Hausmaster, den se der Hausmaster statt unsern Hausmaster halt, als Hausmaster halt.

Es könnt ma ja Wurscht sein. Aber leider halt se unser Hausmaster jetzt schon wieder an Hausmaster. Und der Hausmaster, den se jetzt unser Hausmaster als Hausmaster halt, obwohl er selber als Hausmaster ghaltn wird, von an Hausmaster, der se selber an Hausmaster halt, der macht an Dreck. Der halt unser Haus nicht rein. A Zeitlang hab i ghofft, daß er se an Hausmaster haltn wird. Aber er halt se kan. Drum hab is der Hausverwaltung gmeldt."

Es kam zu einem großen Streit zwischen den Hausmeistern. Ein Hausmeister konnte als Zeuge nicht erscheinen, weil er derzeit einen Hausmeister vertritt, der einen in Urlaub befindlichen Hausmeister vertritt. Der Prozeß wurde vertagt.

Wos ma fria
auf die bisoare
ollas lesn
kena hod
heite owa
kumt ma fua
fakean duat
nua analfabetn.
Ernst Kein

Der Notdurft
eine Gasse!

„Wer's net selber derlebt hat, glaubt's net", sagte
Herr L. zum Bezirksrichter. „I bin damals in der
Nacht mit an D-Zug nach Salzburg gfahrn. Knapp
nach Linz hab i dringend aufs Klo müaßn.
I renn durchn Waggon, bis zum bewußten Örtchen,
wüll de Tür aufmachn, steht a Herr durt und sagt:
,Halt! San S narrisch! Des is de Ausgangstür!'
,Aber naa!' hab i gsagt. ,Des is de Klotür! Lassen S
mi eine! Der Ausstieg is danebn!'
,Nein!' hat er gsagt. ,I hab zwar meine Augngläser
im Abteil, aber sovül siech i, daß das hier die Aus-
gangstür is. San S doch vernünftig! Gehn S doch bei
der andern Tür rein! Es is scho sovül Unglück
gschehn, weil de Leut in der Eisnbahn de Türn ver-
wechselt habn!'
,Bitte!' hab i zu ihm gsagt, ,gehn Sie doch weg! Haltn
S mi net auf, i kann net länger wartn! Geben Sie die
Tür frei! In mir ist die Hölle los!'
,Des siech i', hat der Herr gsagt. ,Ihnen steht der
Schweiß auf der Stirn, und Sie habn an irren Blick!
Sie wolln sicher Selbstmord begehn, drum wolln S
unbedingt diese Tür öffnen! Sind S doch vernünftig!
Es gibt für a jeds Problem an Ausweg!'
,Für mei Problem is der anziche Ausweg hinter dera

54

Tür!' hab i gschrian. ,Wenn S jetzt net sofort weggehn, passiert was Entsetzliches!' ,Sie armer, verzweifelter Mensch', hat drauf der Herr gsagt und hat mi zur Ausgangstür druckt. ,I schiab Ihna jetzt

ins Klo eine, und ruaf nachn Schaffner. In Salzburg wird Ihnen ein Arzt helfen.'

Dabei hat er mi bei de Schultern packt und wollt mi allen Ernstes durch die gefährliche Tür nach außen druckn. Der Mann hätt mi beim fahrenden Zug außegsteßn, wenn net in letzter Sekunde a anderer Fahrgast vorbeikumma war!"

Über Zureden des Richters zog Herr L. seine Klage zurück.

Wenn es kalt ist in Venedig ...

> *Mia is wuascht*
> *wos fiara*
> *weda is*
> *weu i füü mi*
> *eingdli*
> *bei an jedn*
> *miis.*
>
> Ernst Kein

„Anfang Aprül wars", berichtete Herr T. dem Bezirksrichter, „steh i vur an Reisebüro, wer kummt ausse, der Lemaczek.

,Was schaust denn so traurig?' hab i gfragt. ,Du schaust ja aus wia siebn Tag Regnwetter.'

,Geh, bitte, erinner mi net anan Regn', hat der Lemaczek gsagt. ,Wegn den war i grad in den Reisebüro drinn. I sollt nämlich am Dienstag auf Vorsaisonurlaub nach Venedig fahrn. Und jetzt is durt untn so kalt, daß de Taubn am Markusplatz statt mit Kukuruzkörndln mit an haßn Polenta gfüadert werdn. Am Canale Grande solln angeblich de Eisschollen treibn, de Gondoliere fahrn mit Pelzhaubn und de Gelativerkäufer hackn des Gfrurne von an Block obe wia an türkischen Honig, weils so hart gfrurn is. Bitte, vielleicht san de Berichte a bissl übertriebn, mir hat des grad a Vorsaisonheimkehrer derzählt; feststeht, daß in Italien derzeit saukalt is und daß de fuffzg Prozent Stornogebühr verlangen, wamma dahambleibn wüll.'

,I hab ghört, wamma gach krank wird, braucht ma ka Stornogebühr zahln', hab i gsagt. ,Was hast denn net gsagt, daß d gach krank wurdn bist? Kannst ja a Bestätigung von Dokta bringa, daß d gach krank wurdn bist; des is doch ka Problem.'

56

‚Zwecklos', hat der Lemaczek gsagt. ‚Des Reisebüro hat an eigenen Arzt, der kummt di daham besuchen, obs d wirkle marod bist. Der entlarvt an jedn Simulantn. I hab eh gsagt, daß i stark verkühlt bin. Drauf habns

mi zum Schalter vier gschickt, durt gibts statt aner Stornierung an haßn Tee und zwa Aspirin. Alsdann, servas. Hoffentlich san in Venedig de Trottoahr gstraht, falls a Glatteis is, sunst fall i no in an Kanal.'

I hab eahm zum Abschied de Hand gebn und hab eahm ersucht, wanns in Venedig schneibt, soll er ma a dementsprechende Ansichtskartn schickn. Den Moment hat der Gschäftsführer von den Reisebüro aner Dame de Tür aufgmacht und hat in Lemaczek mit der Tür ins Kreuz gsteßn. Der Geschäftsführer hat se sofort entschuldigt, der Lemaczek wollt scho sagn: ‚Nix gschehn', auf amal kriagt er große Augen, ma hat direkt gsehn, wia in sein Hirn a Liacht aufgeht, und er hat se falln lassn wia a Stückl Holz.

‚Ist er verletzt?' hat der Gschäftsführer gfragt.

‚I glaub scho', hab i gsagt und hab in Lemaczek in Mantl untern Kopf gschobn. ‚Und er wär so gern am Dienstag nach Venedig gfahrn.'"

Die Reise wurde storniert, doch der Arzt des Reisebüros hatte Verdacht geschöpft. Der Bezirksrichter entschied jedoch: Lemaczek braucht keine Stornogebühr zu bezahlen.

Ein Herr aus Berlin

*Zu an bifge
deafst ned song
daasa
a beischl is
weu dea kend jo
sowos goa ned.*
    Ernst Kein

Ein aus Berlin stammender Handelsvertreter hatte in Wien einen Verkehrsunfall verursacht. Der Amtsarzt stellte bei ihm eine beträchtliche Alkoholisierung fest.

„Also ick vasteh das nicht", sagte der Angeklagte zum Bezirksrichter. „In der Kneipe, wo ick mit diesa belämmerten Puppe jesessen bin, da hat ma mir jesacht, drei Glas Bier kann man hier in Österreich hinta die Binde jießen, das wäre erlaubt. Ick habe, so wahr ick hier steh, Herr Obalandesjerichtsrat, nur drei Glas Bier gekippt. Und als ick dann in die Tüte blasen mußte, wurde diese Filta grün wie'n unreifa Apfel. Irgendwo stimmt da was nicht. Vielleicht hat mir die Puppe was ins Bier jeschüttet, damit sie leichta an meine Brieftasche rankann!"

„Sie haben drei Krügel getrunken", meinte der Staatsanwalt. „Drei Seidl wären erlaubt gewesen!"

„Wat meenen Herr öffentlicha Ankläja mit Krügl und Seitel!" fragte der Angeklagte. „Wenn Sie mit Krügel so 'nen kleenen Krug meinen, muß ick energisch dementieren. Jenes Glas, wo ich raus dreimal jetrunken habe, das hatte keenen Henkel. Und wat'n Seitel is, weeß ick übahaupt nicht. Ick habe in der Kneipe dreimal 'n Glas Bier verlangt, und das habe ick bekommen."

„Das ist keine Ausrede", sagte der Staatsanwalt.

„Auch in Deutschland gibt es ein großes Glas und ein kleines Glas Bier!" „Stimmt haarjenau", entgegnete der Beschuldigte. „Und in Deutschland dürfen wir vier große Gläser trinken!"

„Bei uns dürfen Sie zehn große Gläser trinken", meinte der Staatsanwalt. „Und wenn Sie mehr vertragen, auch mehr. Nur fahren dürfen Sie dann nicht!"
„Ach, der Herr öffentlicha Ankläja belieben zu scherzen", meinte der Vertreter. „Das ist echte Wiena Jemütlichkeit, auch im Jerichtssaal! Schön. Ick werde ne kleine Jeldstrafe ohne Einspruch annehmen."
„So billig wird es nicht", sagte der Staatsanwalt. „Schließlich wurde Ihre Begleiterin bei dem Unfall am Kopf verletzt."
„Ach, die belämmerte Puppe?" rief der Beschuldigte. „Die is ja durch diese kleene Jehirnerschütterung erst so richtig helle im Kopf jeworden! Als ick sie in jena Kneipe kennenlernte, da war sie doof wie'n Stück Kuhdünga. Aba jetzt, nach diesen kleenen Unfall, da schreibt sie sehr gescheite Briefe an meine Vasicherung. Sie will Geld für'n neuen Hut und für'n neuen Bebbi, so heißen angeblich hier die Perücken. Nur 'n neuen Kopp hat sie noch nicht valangt!"
Die Verhandlung wurde zur Einvernahme der „Puppe" vertagt.

Als Böhmen noch ...

„I hab an ehrlichen Namen", sagte der 73jährige Gustav Trnka zum Bezirksrichter. „Er is tschechisch, und i hab eahm von mein Vattern no aus der Zeit, als Behmen noch bei Österreich war. Aber er is ein häufiger Name, allan in Telefonbüachl hamma mehr wia hundert, und wer sagt denn, daß a jeder Trnka a Telefon hat. Der Name Trnka verpflichtet keinesfalls zu einem Fernsprechanschluß, wia oft siecht ma Leit in an Telefonhüttl steh, kann do leicht a Trnka dabei sein, und denken S allan an de Kinder, de was no bei de Eltern wohnan, ohne Telefon, oft scho erwachsn, aber se bleibn daham, weil de Altn des Telefon zahln. Aber was, was tua i denn da so lang redn, i haß Trnka und aus, Schluß, basta, i hab den Namen und laß mit net pflanzn damit.
Mir habn nämlich an bei uns in Wirtshaus, der moscherlt mi allerweil mit mein Namen. Der is draufkumma, daß Trnka auf deutsch Kriacherl haßt, des san so klane Zwetschkerln, und da fühlt er sich zu gewissen Wortspielen bemüßigt.
Amal nennt er mich Pflaume, was bein Mületär ein abwertendes Schimpfwort is, weil durt sagn de Spieß heut no zu de Rekruten: ‚Sie Pflaume!'. Und zu mir habns oft Pflaume gsagt bein Mületär, weil ich etwas unsoldatisch war, beispülsweise hab i

manchmal de Hosn-
träger übern Uni-
formrock tragn, das
wollte man dort
nicht, drum habns
mi Pflaume
gschimpft, wobei zu
bemerken is, daß
des beim deutschn
Barras war. Beim
behmischen
Mületär schimpfns

vielleicht de Rekruten: ,Sie Trnka!', überhaupt
wann eh aner Pflaume haßt, das is möglich, aber i
red jetzt von den Bsuff in Wirtshaus, der was mi
dauernd pflanzt und mi als Zwetschknkrampas,
Kriechtier und manchmal sogar als Oaschkriacherl
bezeichnet.
Weil der Mann des dauernd in Rausch macht, er war
scho a paarmal in aner Rauschzelle, hat der Wirt
gsagt, er wüll eahm net de Polizei auffemachn, er
laßt eahm von der Rettung ohholn.
Und tatsächlich, wia er neilich wieder bei mir gseßn
is und zum stänkern angfangt hat, sans kumma, mit
aner Tragbahr und mit an Dokta. Der Wirt hat auf
uns zagt, der Dokta is zuwekumma und hat mi
gfragt: ,Sie sind der Trinker?' – ,Ja', hab i gsagt. ,I
bin der Trnka.' Und da habns mi scho ghabt. I hab
dauernd aufn andern deut, aber der is dagseßn wia
eine Eins, ma hätt glaubn könna, er is a Abstinenz-
ler, drum habns mi außezahrt, auf der Tragbahr.
Was soll i machn? A was, i ziag mei Klag zruck; i
waas ja net amal, wia er haßt."
Der trinkende Spaßmacher hat jetzt Lokalverbot.
Der Akt wurde abgelegt.

Ein Platz in der Sonne

*Auf leid
de wos ma
enlich san
leg i kan weat
weu i bin ma söwa
zwida gnua.*
Ernst Kein

„Alsdann, de Gschicht war a so", berichtete Herr Alfred Meier dem Bezirksrichter. „I lieg unlängst in an Bad in der Sunn, gschlicht wia a Haring, weil so vül Leit durt warn, auf amal ruafn s durchn Lautsprecher: ‚Herr Maier! Zum Apparat!'

Sagt aner nebn mir, der was mi kennt hat: ‚Se werdn am Apparat verlangt!'

‚Ah', sag i. ‚I net. Wer sollt denn mi am Apparat verlanga, waß ja kaner, daß i da bin. Soll a andrer Maier hingeh, der was verlangt wird.'

Drauf hat der nebn mir a Zeiterl a Ruah gebn, aber weil de in Lautsprecher ka Ruah gebn habn und dauernd an Maier verlangt habn, hat er mi wieder sekkiert und hat gsagt: ‚Gengan S zur Sicherheit hin! Vielleicht sans doch Se! Se haßn ja Meier!'

Sag i: ‚Schaun Se, lassn S mi in Kraut. I lieg da in der Sunn, und in den Bad gibts ja mehrere Maier, warum soll denn ausgrechnet i hingeh? Jetzt is zwa, und i bin für drei zum Strandfotografn bestellt, damit er mi in an Schinakl fotografiert. I geh zu kan Apparat, lassn S mi endlich in Ruah!'

Mant der nebn mir: ‚Se sollten doch hinschaun! Weil es könnt ja sein, daß der Fotograf Ihna früher drannehma wüll und aus den Grund durchsagn laßt: Herr Meier, zum Apparat! Zum Fotoapparat! Also, gengan S endle hin, damit a Ruah is!'

Nach aner kurzen Debatte, in der i mein Nachbarn in philosophischer Weise erklärt hab, daß i, wann er net wüßt, daß i der Meier bin, in keinster Weise von der Durchsage beeinflußt wäre, weil a Fremder mi  niemals sekkiern tät, daß i hingeh, hab i mi leider beeinflussn lassn und bin zur Kassa ganga. Hat se herausgestellt, daß der Maier, den s ausgruafn habn, a Maier mit ‚a' war und von seiner Frau im Sonnenbad verlangt wurdn is.

Nachdem i überhaupt ka Frau hab, auch keine, die sich mit ‚a' schreibt, hab i ma denkt, warum soll i zu der Maierin ins Sonnenbad geh, und bin ergrimmt wieder zu mein Platz zruckganga. Und da hab i bemerkt, daß i gar kan Platz mehr hab, weil se mei Nachbar, der was mi de ganze Zeit drangsaliert hat, inzwischen ausbrat hat, und zwar auf aner Deckn in der Größe eines Fleckerlteppichs, wodurch für mi net amal a Fleckerl Gras mehr übrig war.

Jetzt mant er, über die Sache is inzwischen Gras gewachsen; beantrage trotzdem a ernste Ermahnung, weil als Meier muaß i mi net von an Menschen, der zufällig waß, daß i Meier haß, zum Maier machn lassn."

Es kam ein Vergleich zustande.

Wegen der Moral

Nokad
zeing si heit
bereits so füü
daas ma si
scho d haud
oziang muas
wauma no
auffoen wüü.
Ernst Kein

Der Pensionist Josef R., Besitzer eines Schrebergartens, war von seinem Gartennachbar beanstandet worden.

„Rennen S net immer in der Unterhosn umadum", sagte Herr Qu. zu Herrn R. „Des is jo ka Aublick für mei Famülle. Habn S ka Geld für a Badehosn?"

„Auf mein Grund und Bodn beweg i mi, wia i wüll", entgegnete Josef R. „Mecht wissen, was Se an meiner kurzn Hosn zum aussetzn habn. Sag i was, wann Ihna Frau in der Kombenesch Kerschn brockn tuat? Vur a paar Tag erst hab i glaubt, a klaner Fesselballon hat auf Ihnern Bam a Notlandung gmacht. Dann hab i gsehn, daß des Ihna Frau is, de am Bam sitzt."

Der Hinweis auf den Leibesumfang seiner Gattin brachte Herrn Qu. in richtige Wut.

„Nur kane so teppertn Anspülungen", schrie er über den Gartenzaun. „I hab Sie verwarnt! Amal no in dera Unterhosn und i bin auf der Sittnpolizei! In dera Siedlung wird de Moräu großgschriebn, verstengan S!"

„Damit a Ruah is, hab i mir mei kurze Hosn am nächstn Tag verkehrt anzogn", sagte Herr R. zum Richter. „Mitn Schlitz hintn, nur daß kana sagn

64

kann, i verletz de
Sittlichkeit. Grad
wia i so mitn Ruckn
zu mein Nachbarn
steh und auf an
Bam a paar
Zweigerln anschau,
gspür i an eiskaltn
Strahl am Buckl.
Habns mi von
drübn mitn Wasser-
schlauch angspritzt.

Sowas muaß gstraft werden, Herr Rat! Sie wissn,
was so a Schock für Folgn habn kann. A kalts Was-
ser aufn haßn Kerpa hat scho so manchen frühzeitig
a Bankl verschafft."
Der Beschuldigte Karl Qu. wurde von der Gefähr-
dung der körperlichen Sicherheit freigesprochen.
Seine Verantwortung, der Schlauch sei ihm aus der
Hand gerutscht, konnte nicht widerlegt werden.
„Er hat se scho a Clothhosn kauft, der Herr Nach-
bar", sagte Herr Qu. nach der Verhandlung.

Tourist von der Waterkant

*A jeda fremda
wos uns ned
faschdeed
duad ma lad
weu eam do
füü entgeed.*
Ernst Kein

„Sagen Sie, haben Sie nicht ein Heft mit ein paar netten Bildchen zu vakofen?" fragte ein deutscher Urlauber einen Wiener Zeitungsverkäufer.

„Was für Büldln manen S denn?" sagte der Zeitungsmann. „Da hab i a Buach mit de Wiener Sehenswürdigkeiten, dann hab i an Heurichnführer durch Grinzing mit genauer Promühtabelle für de Autofahrer, dann hab i no a Büachl mit de ganzn Denkmöla ..."

„Quatsch", sagte der Fremde. „Stellen Sie sich nicht dämlich, Mann! Ich meine natürlich etwas Pikantes! Hübsche Mädchen, die den Badeanzug zu Hause vajessen haben..."

„A so!" rief der Verkäufer. „Se manen nackerte Aktbüldln! Für was haltn S mi, Herr! Bei mir gibts ka Pornografie! Da müassn S scho woanders fragn, Se Lustmolch!"

„Schreien Sie doch nich so!" flüsterte der Fremde entsetzt. „Meine Frau sitzt hier im Auto! Ich hab doch nur jefragt, Sie Lullatsch!"

„Und so fragt ma mi net!" rief der Verkäufer erbost. „Sie san a liabs Vogerl! Hat de Alte im Auto und wüll se an de Fotografien bekäuln! A so a Schweinerei!"

Und zum Bezirksrichter sagte der Zeitungsverkäufer: „Wann i gwußt hätt, was da aussekummt, hätt i mi zruckghaltn! Den Herrn sei Frau hat nämlich überzogn, um was geht. Sie is aus dem Auto ausgstiegn und hat eahm an Markt gmacht, so was hab i bei mein Stand no net derlebt! Er hat nur allerweil gsagt: ‚Aber Klothildchen!' Sie hab i net verstanden, weil s  so an hartn Dialekt ghabt hat. De muaß wo von der Wasserkantn gwest sei. I bitt das Hohe Gericht um fünfazwanzg Schilling Schadenersatz. Für die Zeidungen, was eahm um de Pappn ghaut hat."

Der Vorfall kam bei Gericht zur Sprache, weil der Urlauber kurz nach dem Einsteigen in sein Auto einen Verkehrsunfall verursacht hatte und der Zeitungsverkäufer Zeuge dieses Unfalls geworden war.

> *Guad*
> *daas jeztn wiida*
> *so vüü fremde*
> *kuma dan*
> *weu do seng ma*
> *wenigsd*
> *daas di leid*
> *woaundas*
> *aa ned schena san.*
> *Ernst Kein*

Zu nahe Entfernung

*I brauch
di neiche
daunau sicha ned
wei mia genügt
a fuasbod
in mein kawinet.*
Ernst Kein

„Alsdann, de Gschicht war a so", berichtete Herr L. dem Bezirksrichter. „I bin neilich auf aner Wiesn glegn, ganz allan, bei an Wasser, und hab mi ohbrenna laßn; kummt aner zuwe, a Herr mit seiner Frau, und sagt zu mir: ‚Gehen S, bitte, könntn S a bißl weggeh. Mei Frau wüll se ausziagn.'
Sag i: ‚Wollts es da nackert badn?' – ‚Naa, naa', hat er gsagt. ‚Mei Frau wüll se nur in Bikini anziagn. San S so liab, und gengan S derweil ins Wasser, und schwimmen S a Stückl auße, damit sa se unbeobachtet fühlt.'
‚Ja, freile', hab i gsagt. ‚Sofort. Wegn Ihna werd i jetzt ins kalte Wasser geh, mit mein durchglühten Körper, und a Stück außeschwimma, obwohl i mitn Herz ztuan hab, nur damit se de Frau Gemahlin unbeobachtet fühlt. Soll sa se beobachtet fühln, i beiß ihr scho nix oh, aber ins Wasser bringen Se mi net eine!'
Drauf hat er gmant, er liegt allerweil da, wo i lieg, und wann i scho da lieg, wo er immer liegt, dann is es naheliegend, daß i a paar Meter furtgeh, wann se sei Frau ausziagn wüll, es is ja ka Gebüsch in der Näh. Guat, hab i gsagt, an mir soll es nicht liegn, i leg kan Wert auf an Streit und geh halt a bißl furt.
Drauf bin i aufgstandn und bin furtganga, vielleicht zwahundert Meter weit, aber nachdem durt de Ge-

68

gend brettleben is
und sich nur durch
die Erdoberfläche
krümmt, war eahm
des no allerweil
zwenig, und er hat
ma mit der Hand
deut, i soll no a
Stückl weidageh,
damit se sei Frau
ausziagn kann.
Drauf bin i no

weidaganga und hab mi ab und zu umdraht, ob i
scho weit gnua bin. Er hat ma no zwamal deut, aber
dann war i scho so weit, daß i nur mehr vier Punk-
terln gsehn hab: sein Schädl und ihrn Schädl, und
zwa Punkterln am Busen von ihr; sie war eh brettl-
eben, das nebenbei, und dann is ma auf amal ein-
gfalln, daß i ja mei Gwand durt liegn hab und daß i
den Menschen gar net kenn, und i bin in verständli-
cher Besorgnis um meine Habseligkeiten wieder
zruckgrennt. Darauf hat mi der seltsame Knecht
mit seinem sich beobachtet fühlenden Weib auf
halbn Weg ohgfangt und wollt mi mit Fußtritten
und Faustwatschn zruckhaltn. Und da war der
Punkt bei mir da, wo i in hitzebedingter Notwehr
mei Haut verteidigt hab, und nachdem mei Haut
teilweise sonnenverbrannt war, hab i eahm gar net
zuwelaßn und hab eahm a paar griebn, daß er gleich
nebn seiner auszogenen Gemahlin de Potschn aus-
gstreckt hat."
Es kam ein Vergleich zustande.

Ein echter Kavalier

Glaums
bini daun
a gawalia
waun i amoe
a gawaliasdeligt
resgia.

Ernst Kein

„Kavaliere san des heutzutag!" sagte Frau Berta V. zum Bezirksrichter. „In meiner Jugendzeit hätt mir sowas net passiern können. Da warn de Männer noch richtige Tschent. Heut san s ja lauter Sandler. I kumm damals grad aus an Kino auße, kummt der Herr zu mir zuwe und sagt: ,I hab Ihna scho de ganze Zeit bewundert, weil S so an schönen großn Huat habn. Se san nämle genau vur mir gsessn. Derf i Ihna vielleicht auf an Kaffee einladn?'

,Der Kulturfülm von de Menschnfresser hat mi hungrig gmacht', hab i gsagt. ,Wann S wolln, können S mi auf a klans Nachtmahl einladn.'

,Gern', hat der Herr gsagt. ,Was derfs sein, a Sulz in Essig und Öl oder vielleicht a Gullaschsuppn?'

,I bin ja ka Schützling von der Heilsarmee', hab i gsagt. ,Wann S wolln, können S mi da drübn in des Restaurant einladn. Wamma guat gessn habn und Se benehmen Ihna brav, lad i Ihna dann vielleicht zu mir auf an Kaffee ein.'

,Des is a Red', hat der Herr gmant. ,Für de Aussicht riskier i was. Gemma halt in des Noblrestaurant.'

Mir kumman eine, der Ober gibt uns jedn a Speiskartn und der Herr is sofort kasweiß wordn. ,Des muaß aber scho a guater Kaffee sein, was i bei Ihna trinkn derf', hat er gsagt. ,De habn ja Preise wia bein Sacher.'

Na, i hab mir eh nur a Klanigkeit bestellt: a Meiones- ei, a guats Supperl, a Bochhendl und zum Drüberstrahn a Malakopftortn. Der Herr hat gsagt, er hat Magnweh

und hat nur zwa Sardellnringerln mit an Liptauer- brot gessn. Wias zum Zahln kumma is und der Herr de Rechnung gsehn hat, hat er ausgschaut wia a Froschkönig. So san eahm de Augn außekumma.

,A Momenterl!' hat er zum Kellner gsagt. ,Bevur i zahl, muaß i no gschwind telephonieren gehn. Wo is denn bei euch des Häusl?'

Drauf is er vom Tisch weggrennt und war nimmer zum sehn. A Viertlstund bin i allan dagsessn, dann is der Ober zu mir kumma und hat gsagt: ,Auf Ihnan Begleiter brauchn S nimmer wartn. Wia ma grad bemerkt habn, is er bei der Oberliachtn vom Klosett außekräult und über a Liachthofmauer geflüchtet. Zahln Se de 500 Schülling, oder soll ma an Wach- mann ruafn?'

Damit i mir de Blamasch derspar, hab i mei ganzes Geld, siebzg Schilling, als Angab gebn und für den Rest mei Bettlarmband eingesetzt.

Drei Tag später triff i den Herrn zufällig auf der Straßn. Mehr brauch i Ihna ja net sagn. Se habn eh de Krankengeschichte von den Herrn im Akt."

Frau Berta wurde wegen Körperverletzung unter Zubilligung aller mildernden Umstände zu einer Geldstrafe verurteilt.

Mißbrauchtes Geschenk

*Klaane geschenke
eahoedn bei uns
die freindschofd
wauns oba
gressa grodn
duad ia des
aa ned schodn.*
Ernst Kein

Als Herr Josef R. Namenstag feierte, war unter den
Gratulanten auch sein Arbeitskollege Franz O. Herr
O. hatte ein ganz besonderes Geschenk mitgebracht:
ein selbstgemaltes Aquarell, das eine Flußland-
schaft darstellte. Josef R. nahm das Bild mit vielen
Dankesworten entgegen und versprach, dem Aqua-
rell einen besonders schönen Platz in der Wohnung
einzuräumen.

Einige Wochen später kam Herr O. überraschend zu
Josef R. auf Besuch. Aufmerksam sah er an den
Wänden umher und konnte nirgends sein Bild
finden. Erst als er ein stilles Örtchen aufsuchen
mußte, entdeckte er dort sein Geschenk an der
Wand.

Wütend stürzte Herr O. daraufhin in das Wohnzim-
mer zurück, hatte das Aquarell unter den Arm
geklemmt und schrie: „Alles was recht is! Aber daß
es mei Büld aufs Häusl hängts, hätt i mir net denkt!
Drei Wochn hab i dran garbeit, eigenhändig hab i s
signiert und jetzt hängts übern Wasserkastl? Des
Büld nimm i wieder mit und verkaufs auf aner Aus-
stellung!"

Josef R. wollte seinen Kollegen beruhigen: „Schau,
Franze", sagte er, „durt hab i de beste Gelegenheit,
dei Geschenk jedn Tag in Ruhe zu bewundern. De

Landschaft wirkt so angenehm aufs Gemüt! Seitdem des Büldl draußn hängt, brauch i ka Karlsbader Salz mehr. I bitt di scho wegn meiner Gsundheit, laß des Büldl da!" "I bin a Amateur- maler und ka Kur-  pfuscher!" schrie Herr Franz. „Für mi bist gsturbn, Peppe! Mi brauchst nimmer grüaßn! Laß mi auße aus dera Wohnung, bevur i an Anfall kriag!"

Vor Gericht sagte Herr Josef: „I hab eahm beruhign wolln und hätt eahm des Büld gern wieder weg- gnumma. Aber er hats net hergebn. So hamma so lang um des Büld umanandagraft, bis des Glas brochn is. Der Franze hat se mit an Scherbn in de Hand gschnittn und is sofort zum Polizeiarzt grennt. Drum steh i heut wia a Verbrecher da. Mir san scho lang wieder guat, Herr Richter. Des Büld hat jetzt an Ehrenplatz übern Diwan."

Die Freunde schieden versöhnt; jeder von ihnen übernahm eine Hälfte der Prozeßkosten.

Nachtfalter an der Sonne

So a rinnseuschwoem mechad i ned sei weu bei so fü pfuscharina wias bei dem geweabe gibd geesd jo ei.

Ernst Kein

In einem Wiener Damensonnenbad. Eine zirka fünfzigjährige Dame zu einem jungen Mädchen, das zum erstenmal in jenem Bad ist: „Gehn S, Fräulein, möchtn S net Ihre Sachn a bisserl weiter zu Ihnen gebn! Sie habn eine Pritschn, gelln S, und ich hab auch a Pritschn. Und mei Pritschn is für mi da, gelln S, und net für Sie, gelln S!"

Die Jüngere: „Na, bitte, bitte, tuan S Ihna net so aufregn! Se werdn do no Platz für Ihner Fettn habn! Se liegn da als a ausgspreizter wie a ohgstochene Kuah und riachn nach an büllichn Parfeih, daß a Graus is! Is a net angenehm, liabe Frau, aber i sag nix."

Die Ältere: „Das ist doch die Höhe, Sie freches Ding! Sie traun sich zu sagn, ich hab ein Odöhr? Sie austrickertes, verhungertes Gstell, Ihnen sieht man doch an den Knochen an, was Sie für einen Beruf habn! I will mich ja gar net mit Ihnen einlassn, Sie Demimonderl, Sie blödes! Verschwinden S aus dem Bad, Sie Nachtfalter, das ist ein Familienbad und kein Platz für solcherne Damerln! Man kann ja noch was kriegn, wenn man nebn Ihnen liegt, entsetzlich, solche Leut in einem Familienbad!"

Die Jüngere: „Daß Ihna halt net der Schlag trifft,

beim Geifern, Frau Gräfin, rot san S scho am Schädl wia a Krebs, oder is des de Sunn, die Ihna net guat tuat? Des muaß de Sunn sein, sunst kann ane net so herzbrechend dumm sein. Mein Gott, san Sie dumm! Daß S fett san, kann ma verzeihn, des Fresserl tuat halt gar so guat; aber de Bledheit ist unverzeihlich, Frau Gräfin..."

Eine herbeigerufene Badbedienstete beendete den Disput. Kürzlich wurde die „Jüngere", die 21jährige Prostituierte Hannerl N., als Beklagte in einem Ehrenbeleidigungsprozeß zu einer saftigen Geldstrafe verurteilt.

„Frau Gräfin", seufzte sie. „Jetzt kann i an Nachmittag für Ihna arbeitn!"

Nächtliche Kreuzfahrt im Taxi

Bein heirign
hau i da wöd
a loch
bein hamgee
is daun
umgekead.
            Ernst Kein

„A Mensch, der mehrmals verheirat war, kummt für mi als Fahrgast überhaupt nimmer in Frage", erklärte der Taxichauffeur Rudolf N. vor Gericht. „Was i mit den mehrmals verheiraten Mann damals für Schwierigkeiten ghabt hab, geht auf ka Kuahhaut.

Der Herr nimmt mi in der Nacht in Grinzing auf, sternhaglbsoffn, gibt ma a Adreß und sagt: ‚Führn S mi zu meiner Frau.'

I führ eahm zu der Adreß nach Hütteldorf, läut in Hausmaster auße, sag: ‚Der Herr is in Agonie, helfn S mir n auffetragn!'

‚Was, den?' sagt drauf der Hausmaster. ‚Warum solln ma den zu seiner gschiedanen Frau auffetragn? A unnötige Arbeit, de haut eahm sofort wieder über de Stiagn obe. Wegn den hat sa se ja scheidn lassn, wäul er so vül sauft.'

Drauf gib i mein Fahrgast an Steßer, lallt er ma a zweite Adreß zua, in Fluridsdurf. I transportier eahm auße, zu an Einfamilienhaus, wüll eahm ausladn, macht de Frau durt sofort in Gartn in Hund los. ‚Was unterstengan S Ihna!' hat s mi angschrian, ‚warum bringan S ma den Falott her? Sechs Wochn war i mit eahm verheirat, in der Zeit bin i um zwanzg Jahr gealtert!'

‚Da muaßt aber scho sehr alt gheirat habn', hab i ma

76

denkt; und hab gfragt: ‚Bitte, wo wohnt der Herr im Augenblick wirkle? I kann eahm do net de ganze Nacht von an Weibsbüld zum andern führn!' De Frau gibt ma drauf de Adreß von seiner drittn Gemahlin in

Langenzersdurf, i tank, fahr hin, stürzt de Frau auße und schreit: ‚Jetzt kummt er daher? Zwa Tag war er net daham, i hab bereits de Scheidung eingreicht! In mei Haus kummt der nimmer eine!'
Nachdem de Ehe no net gschiedn war, hab i der Frau gar net zuaghurcht und hab den Herrn anfach übern Gadern gschmissn. Jetzt verfolg i eahm scho drei Wochn wegn an Fuhrlohn. Bei seiner drittn Frau wohnt er nimmer, de andern zwa wissn aa nix von eahm. Sicher is er bei aner viertn untertaucht!"
Der Beklagte (er lebt derzeit bei einer Witwe im Waldviertel) hatte den Fuhrlohn bereits bei Gericht hinterlegt.

Wauni
nochn ualaub
ned di aussicht
aufn nextn
ualaub hed
nocha hed i goa nix
wos mi aufrecht
hoedn ded.

Ernst Kein

Nach dem Urlaub

Das Ehepaar Z. war vom Urlaub zurückgekommen. Es räumte eben die Koffer aus dem Auto, als der Hausmeister Anton K. lächelnd näher trat und sagte: „Willkommen daham! Guat schauts aus! Alle zwa ohbrennt wia de Neger! Der Herr Scheff hat mindestens drei Kilo zuagnumma, de gnä Frau hat a bisserl was angsetzt, was wüll ma mehr!"

„Danke für den liabn Empfang", meinte Herr Z. „Gibts was Neuchs in unsern Haus? Wann ma so drei Wochn furt ist, kummt ma se bein Hamkumma wia a Fremder vur."

„Neuchs gibts eigentle net vül", sagte der Hausmeister. „De Frau L., was unter Ihna wohnt, hat den Tag, nachdem Se furtgfahrn san, an Nervnzusammenbruch kriagt. Aber sunst war eigentle nix los."

„De arme Frau L.", sagte Frau Z. „Was is ihr denn passiert? Hat sie sich wieder mit ihrn Mann ärgern müaßn?"

„Net amal so", meinte Herr K. „Mit der Wohnung hats a Gfrett ghabt. De ganze Malerei is ihr obegfalln, der Parkettbodn hat se gworfn, und in Schlafzimmer habn se de Tapetn aufgwacht. Ausgschaut

78

hat es da wie nach an Hochwasser. Des habn ihre Nervn net ausghaltn."

"Interessant", sagte Herr Z. „Wiaso is denn des passiert? Hat de Frau L. an Wasserrohrbruch ghabt, oder hat s vergessen, des Wasser ohzdrahn?"

„Net amal", entgegnete der Hausbesorger. „De Frau L. is ja sehr vursichte. Des ganze Wasser, was ihr de Wohnung ruiniert hat, is von an Stock höcher kumma. Dabei is de Frau L. net amal versichert. Wer de Reparatur nur zahln wird?"

Frau Z. ließ plötzlich einen Koffer fallen. „Was sagn S?" schrie sie auf. „Von obn is des Wasser kumma? Durt wohnen ja mir!"

Der Hausmeister tat sehr erstaunt. „Ah ja! Wirkle! Na, dann habn Se vorn Furtfahrn vergessen, des Wasser in Badezimmer ohzdran. Mei Beileid, gnä Frau! Wann i mi net irr, macht de Reparatur bei achtzehntausend Schülling aus."

Vor dem Bezirksgericht sagte Frau Z.:

„A so a Impertinenz von den Hausmaster, wia der uns des Unglück zizerlweis beibracht hat. Ka Wunder, wann mei Mann de Nerven verlurn hat und eahm zwa anständige gschmiert hat. Des war ja a Perversität, was se der Hausmaster erlaubt hat!"

„I hab a Angst ghabt, daß de zwa der Schlag trifft, wann i eahnas unverblümt sag", erklärte der Haus-

besorger. „Und für mei Rücksichtnahme hat mi der Herr Z. ohtetschnt!"
Herr Z. muß nun außer den achtzehntausend Schilling Reparaturkosten noch eine Geldstrafe zahlen.

> *Schee laungsaum*
> *wiad ma des*
> *scho z bled*
> *do foari ee*
> *in ualaub ollaweu*
> *was god wohii*
> *und drozdem*
> *drif i iwaroe nua*
> *soeche leid wia mi.*
> *Ernst Kein*

Einladung zum Dienst

An haundweaka muasd scho a maut gem wauna aufaungt weu sunst isa bei da oaweit wia gelemt.

Ernst Kein

„Mei Farbfernseher hat unlängst was ghabt", berichtete Herr A. dem Bezirksrichter. „Es hat so lang braucht, bis des Büld kumma is, und wanns gelb kumma is, wars glei wieder weg. I war scho in Wiglwogl, ob i den Apparat net in Reparatur gebn sollt, aber des kost halt a Heidngeld. Zum Glück is ma eingfalln, daß ma an Fernsehtechniker auf der Nebnstiagn habn, den was i immer in der Trafik triff.

Drei Tag lang hab i eahm freundlichst gegrüßt und hab mit eahm übers Wetter gredt, dann hab i zu eahm gsagt: ‚Mechtn S mi net amal besuchn kumma? Mei Frau tät se gfreun, wanns Ihna kennenlerna tät.'

‚Habn S an Fernseher?' hat er gfragt.

Sag i: ‚Selbstverständle. Da brauchn S ka Angst habn, daß Ihna langweilig wird.'

Er hat de Einladung angnumma und is mit an Büscherl Blumen für mei Frau kumma. Und mit aner Werkzeugtaschn.

‚Se habn Ihna Werkzeug mit?' hab i gsagt.

‚Ja', hat er gsagt. ‚Des hab i immer bei mir. Bei mein Gschäft san oft abends Reparaturen fällig.'

Na, mir habn eahm a Glaserl Wein gebn, habn aufdraht, is des Büld kumma und glei wieder ganga. ‚Also, des hat er no nie ghabt!' hab i gsagt.

,Naa, des hat er no nie ghabt!' hat mei Frau gsagt. ,Ausgrechnt heut, wo ma Besuch habn, spinnt er!' ,Soll i eichs richtn?' hat unser Gast gfragt. ,Ja', sag i. ,Wann S so liab warn? Geh, Antschi, schenk nach. Der Herr is so  liab und schaut nach, wo des Büld hin verschwindt.' Mir habn no a Flascherl aufgmacht, der Herr hat sei Taschn aufgmacht und hat se an Overall anzogn, mitn Firmenzeichen. A drei Minutn wirds braucht habn, dann war er mit der Reparatur ferte. Er is aber no a Stünderl mitn Overall sitzn blibn und hat gwart, bis der Apparat ganz auskühlt is. Dann hat er eahm wieder aufdraht, es war alls in Urdnung, er hat sei Arbeitsgwandl auszogn, und hat no lang mit uns plaudert.

,Kumman S bald wieder!' hamma eahm beim Abschied nachgruafn. – ,I schreib Ihna!' hat er gsagt, und zwa Tag später hat er uns de Rechnung gschickt. Auf anderthalb Stund TV-Service, des war genau de Zeit, in der er sein Overall anghabt hat. Um des Geld kriag i a Reparatur overall, i man überall; da brauch i kan Wein ausschenken."

Der Fernsehtechniker („Wann mi wer einladt, waß i scho, wiavüls gschlagn hat") hat seine Rechnung eingeklagt. Herr A. darf aber die Kosten für das getrunkene Glas Wein in Abzug bringen.

Die Frau auf
der Erbse

*Waun si
mei frau und i
nix mea
zum sogn haum
daun ess ma
ollaweu
a schochtl
bonbon zaum.*
                Ernst Kein

„Mir is unlängst was Unangenehmes passiert", sag-
te Herr E. zum Bezirksrichter. „Mei Frau war
damals bei ihrer Schwester, i hab gwußt, sie kummt
erst spät in der Nacht ham, und weil i vorn Schlafn-
gehn no an Hunger kriagt hab, wollt i ma no
gschwind was zum Essn aus der Kredenz nehma.
Dabei is ma a großes Sackl Erbsen aus der Hand
gfalln, und de Erbsn habn se in der ganzn Wohnung
verstraht.

I wollts eh glei zsammkehrn, es is aber in Fernsehn
a neue Serie anganga, bei der i mi no net auskenn,
und drum hab i de Sache auf später verschobn und
bin dabei eingschlafn und erst um ans in der Nacht
durch a größere Pumperei munter wurdn.

I hab sofort Liacht gmacht und bin auße, hab i
gsehn, mei Frau liegt in Vurzimmer am Hintern,
steht auf, und fallt wieder nieder.

I sag zu ihr: ‚Servas, Puppi.'

Ziagt se mei Frau an der Gadrob hoch und schreit:
‚Du strahst ma Erbsn auf? Mir strahst du Erbsn auf,
damits d waßt, wann i hamkumm? Du Hund, du
elendicher, glaubst vielleicht gar, i geh fremd?'

Drauf buck i mi und wüll ihr de Sache erklärn,
greifts nach an Schuach und haut mirn in de Pappn;

84

i derschrick, rutsch
aus, und fall
meiner Frau direkt
in de Arm.
Drauf kniat sa se
nieder und fangt mi
zum Würgn an,
rutscht aber aus
und fliagt wieder
hin. I halt mi an
der Türschnalln an,
de Gangtür geht

auf, und unser Nachbarin, de was gern an der Tür
hurcht, fliagt der Läng nach ins Vurzimmer eine.
Den Moment kummt scho mei Frau wia auf Roll-
schuach mit an Bratpfandl daher und wüll mirs mit
den Worten: ‚Du Hund, du!' (i waß net, warum s mi
immer Hund schimpft, des san doch so liabe Vie-
cherln) aufn Titus haun, trifft aber de Nachbarin
aufn Bluzer. De Frau macht an Schra wia de ohgsto-
chene Miß Piggy, ihr Mann kummt, springt mei Alte
an und fahrt mit ihr ins Wohnzimmer eine. Draht se
mit ihr dreimal in Kras und rollt dann weida, durch
de offene Balkontür bis zum Glander. Dann war er
weg. Aber nur scheinbar. Zwa Minuten später is er
scho wieder bei der Gangtür einekumma, mit an
Polizisten. Da hamma de Erbsn scho weggramt, und
der Boden war wieder blitzsauber. Aber Se wissen,
wann a Wachmann wüll, findt er allerweil a Haar."
Der Polizeibeamte hatte Anzeige erstattet. Da der
Sturz vom ebenerdigen Balkon ohne Folgen geblie-
ben war, wurde über Herrn E. ein Freispruch gefällt.

Herrliche Stimme

In der Kabine eines Schwimmbades kleidete sich ein Besucher an und sang dazu ein Lied. Plötzlich klopfte es an der Kabinentür, und eine männliche Stimme fragte: „Herr Heesters? Was für a glücklicher Zufall, daß Sie heut mei Kabinennachbar san! Gehn S, san S so liab, und gebn S ma auf der Eintrittskartn a Autogramm!"

Der Mann in der Kabine antwortete nicht und sang weiter: „Ein Glück, daß man sich so verlieben kann!"

„Herrlich!" rief der andere vor der Tür. „I hab allerweil glaubt, Sie habn nur a Mikrofonstimm, Herr Heesters! Aber Se habn ja wirkle Gold in der Kehle! I schiab Ihna jetzt mei Eintrittskartn untn bei der Tür eine! I habs nämlich eilig, mei Halbtagskartn lauft in fünf Minutn oh!"

An Stelle einer Antwort ertönte eine weitere Folge von Operettenmelodien. Der Lauscher klopfte jetzt mit der Faust gegen die Tür.

„San S net gar so arrogant!" rief er dabei. „Alles, was recht is, aber wegn aner Unterschrift brauchn S net so Gschichtn machn, Herr Heesters! Hörn S a Sekunderl auf zum Singa, mir wissn eh, daß S a Kanon san! Da, vur Ihnera großn Zechn, liegt jetzt mei Eintrittskartn! Schreibn S doch endlich Juppi drauf, sunst muaß i no nachzahln!"

„I hab meine Ohrn no voller Wasser ghabt", berichtete der Sänger dem Bezirksrichter. „I hab ka Klopfn und ka Ruafn ghört, i hab nur gsunga. Und wia i dann anzogn war und de Tür aufmach, kriag i auf

amal a Trumm Watschn. Dadurch hats ma des Wasser aus de Ohrn beidlt und i hab wieder ghört.

‚Was? Se Neandertaler gebn Se als der Heesters aus?' hat der Schläger zu mir gsagt. ‚Se Nixerl lassn mi a halbe Stund lang vur Ihnera Kabin an Kniafall machn? Wegn Ihna muaß i jetzt nachzahln? Rennen S schnell weg, sunst kriagn S glei no ane!"

„I entschuldig mi bei den Herrn", erklärte der Angeklagte. „Er hat wirkle a herrliche Stimm!"

Malheur im Kaffeehaus

„Des Ganze war a furchtbare Blamasch für mi", sagte der 46jährige Franz T. zum Richter. „Außerdem hab i no unschuldig zwa Watschn kriagt. I bin damals in an Kaffeehaus gsessn und hab an großn Schwarzn bestellt ghabt. Wias der Teifl habn wüll, schütt i mir de ganze Schaln Kaffee auf mei liachte Hosn.

I bin sofort zur Köchin in de Kuchl grennt und hab um a haßes Wasser ersucht, damit i mir den Fleck aussewaschn kann. De Köchin hat mir a Heferl Wasser und a Hangerl gebn und i bin damit auf de Toilett hinaus.

In der Toilett hab i de Hosn auf an Hakn ghängt und hab zum Putzn angfangt. Dann hab i bemerkt, daß mir der Kaffee bis auf de Unterhosn und bis aufn Hematstock ganga is, und hab auch diese Wäschestücke gereinigt.

Wia i grad so bein Ribbln war, is auf amal de Tür aufgrissn wordn und a Dame hat einewolln. Wias mi gsehn hat, hats an leichten Schrei ausgstoßn und is wieder weg.

I hab mi gschwind anzogn und bin ausse. Draußt hat scho der Herr Angeklagte auf mi gwart.

‚Was hab i von meiner Frau ghört?' hat er gsagt. ‚Se san a Exebist und stengan in der Damentoilett?' und hat ma dann zwa Watschn gebn.

Dann is de Köchin
aussekumma
und hat die
Sache aufgeklärt.
‚Der Herr hat
se nur in der
Aufregung in der
Tür girrt', hats
gsagt. Drauf hat
se der Mann bei
mir entschuldign
wolln. Aber i laß

des net auf mir sitzen und besteh auf aner gerichtli-
chen Bestrafung!"
Der Angeklagte wurde zu einer Geldstrafe verur-
teilt.

Wauns ned
es kafeehaus
gawad
bleiwad am
jo nua mea
die familie
und des waa
a bitare melausch.
                    Ernst Kein

Um des Kaisers Bart

*Seiz eam
nimma gibt
in keisa
hauman gean
so geeds
an jedn
do in wean.*
Ernst Kein

Der Pensionist Ludwig R. trägt einen Backenbart, wie ihn einstens Kaiser Franz Joseph trug. Kürzlich kam es zwischen Ludwig R. und einem anderen Pensionisten im Schönbrunner Schloßpark zu einer schweren Auseinandersetzung.

„I laß mi net imitiern!" sagte Herr R. zum Bezirksrichter. „Scho gar net von an ehemalichn Schutzbündla, der nie a Beziehung zum Kaiserhaus ghabt hat! Der Mann is a pensionierter Funktionär von Gewerkschaftsbund, und jetzt lassert er se mir-nix-dir-nix an Kaiserbart wachsn! Des duld i net, des kränkt mein k. u. k. Charakter. Weil mi kennen de Leut scho seit dreißg Jahr mit mein Bart! Wann i in Schönbrunn spazierngeh, grüaßt mi alles mit größtem Respekt. A jeder Wachmann salutiert, a jeder Gärtner ruaft ma zua: ‚Servas, Majestät!'

Und seit vierzehn Tag hätt i auf amal a Schmutzkonkurrenz, wia kumm i denn dazua? Der Mensch, der mi da kopiern wüll, hat doch überhaupt ka monarchisches Nivoh. Der geht daher wia a Kavallerieoberst. Net a bisserl gebeugt, wia unser gütiger Herrscher ganga is. Dazua raucht er no Zigarettn und tragt an Regnschirm. Anfach terribel. Damals kummt er ma entgegn und sagt zu mir: ‚Freundschaft!' Na, da samma de Nervn durchganga!"

„Des alte Kaiserdouble hat ja nur a Angst um sein Nebenverdienst", sagte der Kläger. „Er treibt se allerweil vurn Schloß umadum, laßt se von de Ausländer fotografiern und bedlts dann um an Schmattes an. Damals hat uns aner alle zwa fotografiern wolln, hat er mi weggsteßn.

I sag zu eahm: ‚Halt ma doch Freundschaft!', reibt er mitn Steckn auf und tritt mi auf de Füaß. Und so was wüll a majestätische Erscheinung sein! A Bart allein macht no kan Kaiser!"

Über Zureden des Richters versöhnten sich die „Konkurrenten".

Probleme im Amt

Geduidig muas
ma scho sei
oes beaumta
weu maunchmoe
dauats laung
bis si a akt
von söbst erledigt.
Ernst Kein

Die 27jährige Anna Garmel hatte auf einem Amt ihren Namen anzugeben.
Der Beamte fragte: „Sie heißen?"
„Garmel."
„Grammel?"
„Garmel!"
„Kamel?"
„Mit an wachn G und an R!"
„Äusa doch Gramel?"
„Des R hab i nachn A!"
„Äusa Garamel."
„Hörn S, waschen S Ihna de Uhrn aus! Und verhunzen S net dauernd mein Namen! I haß G-a-r-m-e-l! Habn S mi verstanden?"
„Passn S auf, frech dürfn S net werdn! Fräuln Karamöh! Sunst san S glei wieder draußtn! Wann Se Ihna alls so waschn wia i meine Uhrn, dann können S zfriedn sein!"
Anna Garmel: „I haß net Karamöl! Se hurchn ja net zua! Wann i Ihna eh sag, G-a-r-m-e-l!"
Der Beamte: „Habn S an Ausweis?"
„Wann i an Ausweis hätt, war i net bei Ihna! I bin ja da wegn an Ausweis!"
„Dann schreibn S ma den Namen auf."
„Zum Schreibn muaß i mi setzn."

„Na, dann setzn S
Ihna."
„Wohin denn?
Da is ka Sessel!"
„Ah ja. Den hat
die alte Frau durt.
Wegn Ihna soll
de alte Frau auf-
stehn? Buchsta-
bieren Sie! Ka wie
Konrad und so
weiter!"

„I hab aber ka K in mein Namen, Se Schwachsinni-
ger!"
Der Beamte, aufspringend: „Was habn Se gsagt?"
Einige Wartende mengen sich ein und versuchen,
um selbst endlich dranzukommen, den Streit zu
schlichten. Man hörte Gemurmel: „Grannl haßt s.
Naa. Kandl. Karamamml. Da haben S an Blei,
Fräuln. Ah, mit an G. Gammler. Aa net. Habn S
denn gar nix da?"
Anna Garmel erleidet jetzt einen Nervenzusammen-
bruch. Sie fällt auf den Schreibtisch und schluchzt
halb ohnmächtig: „Garmel, Garmel."
Der Beamte, verwirrt und beeindruckt, hält mit der
linken Hand den Kopf des Fräulein Garmel, sieht
ihr genau auf den Mund und schreibt mit der Rech-
ten jetzt endlich den Namen richtig mit: „Des hättn
S doch glei sagn könna, Fräulein Garmel."
Fräulein Garmel mußte von der Rettung gelabt wer-
den; der Amtsvorstand bestand trotzdem darauf,
daß das Wort „Schwachsinniger!" gerichtlich geahn-
det werde. Der Bezirksrichter fällte aber einen Frei-
spruch, weil er meinte, der beleidigende Ausdruck
sei in berechtigter Erregung gefallen.

Wirbel um ein Baby

> *Mei frau*
> *wü ollaweu*
> *i soe ias*
> *auto leichn*
> *dabei hods ee*
> *es kindawagl*
> *zum schbazianfoan.*
> Ernst Kein

In einem Wiener Bürogebäude herrschte an einem Nachmittag große Aufregung. Eine junge Frau und ein älterer Herr liefen mitsammen die Treppen hinauf und hinunter und blickten in jedem Stockwerk in die vorbeifahrenden Kabinen des Paternosteraufzuges.

„Mei Kind!" schrie die junge Frau immer wieder, „wo is mei Kind? Sie Unglücksmensch! Was habn Se mit mein Kind gmacht!"

Der ältere Herr raufte sich verzweifelt seine wenigen Haare und antwortete stets: „I waß net, wo des Kind is! I waß wirklich net! Meingott, i hab Ihna doch nur helfn wolln!"

In einem der Stockwerke verlor die junge Frau dann die Fassung und ohrfeigte ihren Begleiter. Vor dem Bezirksgericht, wo die Ohrfeigen gesühnt werden sollten, berichtete der ältere Herr:

„I bin mit der Frau im Parterr zufällig zsammtroffn. Sie hat a klans Kind in Wagerl ghabt und hat in vierten Stock müassn.

‚Hoffentlich stehlns ma net des Wagerl, derweil i mit den Kind oben bin!' hats zu mir gsagt.

‚Lassn S des Kind im Wagerl und fahrn S damit im Paternosteraufzug auffe' hab i gsagt. ‚I helf Ihna scho beim Einsteigen!'

94

I hab des Kinder-
wagl schön in a
Kabine hinein-
geschobn und dann
zu der Frau gsagt:
‚Steign S schnell
dazua ein!'
‚Na! I trau mi
nimmer!' hat de
Frau gsagt, weil der
Aufzug scho um a
paar Zantemeter in
de Höh gfahrn war.

Draufhin hab i noch gschwind zu den Kind dazua-
steign wolln. Aber in den Moment hat sichs de Frau
überlegt und hat selber einewolln. Des End von Liad
war, daß kaner von uns zwa einekumma is und des
Kinderwagl allan in die Höh geschwebt is.
Jetzt war natürle der Teifl los. De Frau is narrisch
wordn und ihrn Kind über de Stiagn nachgrennt. I
bin ihr gefolgt, aber von den Wagl hamma nix mehr
gsehn. In sechsten Stock hat de Kindesmutter dann
de Nervn verlurn und hat ma zwa gschmiert."
„I war so furchtbar aufgeregt!" verteidigte sich die
Beschuldigte. „I hab glaubt, am Dachbodn stelln se
de Aufzugskammerln am Kopf und mei Kind wird
ausn Wagerl falln. Der Herr Portier hat dann den
Aufzug anghaltn und i hab mei Mentscherl wieder
kriagt."
„I ziag de Klag zruck!" erklärte schließlich der „hilfs-
bereite" Herr. „I hab eingsehn, daß i schuld bin. Mit
an Kinderwagl derf ma in kan Paternoster fahrn."
So konnte die junge Mutter ungestraft nach Hause
gehen.

Ritterspiele in der Hochzeitsnacht

Beim easchtn moe is ma fileichd neawös owa ob da dritn hochzeid gibt si des.

Ernst Kein

„Alsdann, de Gschicht war a so", berichtete Herr E. dem Bezirksrichter. „I hab neilich gheirat und bin mit meiner jungen Frau in a burgenreiche Gegend auf Hochzeitsreise gfahrn. Durt hamma uns in aner ehemaligen Ritterburg, de was jetzt a Hotel is, a Zimmer gnumma. Des Zimmer war mit lauter Sachen aus der Ritterzeit ausstaffiert, es is unter anderen a Keuschheitsgürtel und a Bild von der Semmeringbahn an der Wand ghängt, alles Sachen aus der Ritterzeit, die Semmeringbahn is ja von Karl Ritter von Ghega erbaut wurden. Des war natürle a Gsturi für uns, i hab den Helm probiert, mei Frau hat den Keuschheitsgürtel probiert, und wia i dann zu ihr gsagt hab: ‚Kumm, jetzt mach ma hoppa, hoppa, Ritter!', hats den Keuschheitsgürtel nimmer obebracht.

Des Schloß war eingschnappt und war nimmer zum aufmachn; der Keuschheitsgürtel hat ausgschaut wia a eiserner Tanga mit an Sparschweindlschlitz, und is so eng anglegen, daß er net zum obebringa war.

Nachdem i net intressiert war, daß mei Frau in der Hochzeitsnacht an Keuschheitsgürtel tragt, bin i zum Portier obe und hab eahm gfragt, ob er net an Schlüssel für den Gürtl hätt. Er hat gsagt naa, der Ritter hat den Schlüssel seinerzeit ins Heilige Land

96

mitgnumma und
is bis heut
nimmer damit
zruckkumma. I hab
gsagt, des glaub i
net, weil dann hätt
der Gürtel jetzt net
offn sein könna.
Hat der Portier
gsagt, möglicher-
weise hat ein
Knappe an Nach-

schlüssel ghabt, er wird im Büachl mit de Heldensa-
gen nachschaun.

Währenddem er in an dünnen Büachl, so dünn wia
a Schulheftl, nachgschaut hat, der Ritter war näm-
lich a Italiener, und de italienischen Heldensagen
san net dicker, hab i ma denkt, mi kannst gern habn,
und bin mit an Eisensagl ins Zimmer zruck-
gschlichn. Leider hats der Portier bemerkt und is
ma nach, wodurch sich dann zwischen uns ein
Kampf mit antiquarischen Waffen ergeben hat. I
hab eahm an Kettenpanzer um de Pappn ghaut, er
is zu meiner Frau ins Bett und hat nach der sieben-
schwänzigen Katze gegriffen; der Wirt, ein Raub-
ritter den Hotelpreisen nach, is dann ebenfalls er-
schienen, und hat mei Frau als Gürtelban be-
schimpft; i kann Ihna sagn, des war a Nacht, so bald
heirat i nimmer."

Frau E. („I hab ma den Gürtel dann mit mein Kof-
ferschlüssel aufgsperrt") veranlaßte ihren Gemahl,
die Klage zurückzuziehen.

Ein wundertätiges Medaillon

Es schimpfn auf die bsoffanan autofoara is aa wos wos i ned faschdee waun i an niachdan iwafia duad eam do des genauso wee.

Ernst Kein

„Furchtbar", sagte Herr L. zu einem Bekannten, mit dem er beim Heurigen zusammentraf. „Se san a Autofahrer und sitzn da und saufn wia a Loch. Wann i Ihna zuaschau, rinnt ma de Ganslhaut übern Buckl. Habn Se ka Angst? Se kriagn drei Jahr als a Ungschauter, wann S in den Zuastand an Unfall verursachn."

„I hab an Glücksbringer", antwortete Karl N. mit schwerer Zunge und öffnete sein Hemd. „I hab a Medaillon uman Hols. Solang i des trag, kamma nix passiern. So angsoffn kann i gar net sein, daß i irgendan Anstand hätt, wann i den Glücksbringer uman Hals hab."

„Na servas, des is ganz arg", sagte Herr L. entsetzt. „Se verlassn Ihna auf überirdische Mächte, die im dunkln Untergrund Ihres alkoholgeschädigten Gehirns wohnen. San Se no ansprechbar? Dann bitt i Ihna inständig, hörn S zum Trinkn auf und gengan S z Fuaß ham. Se habn Frau und Kind. Denken S an Ihner Familie! Glaubn S, weil S a Amulett uman Hals habn, brauchn S net ins Röhrl blasn? Mein Gott, am liabstn tragert i Ihna ham."

„I geh mit Ihna a Wett ein", sagte Karl N. „I trink jetzt no zwa Viertln, weil mit weniger wia neune

98

kann i net guat schlafn, da tram i so schlecht, und dann fahr i mit Ihna in Auto ham. Mir steign direkt vur der Wachstubn ein, und Se dürfn an Wachmann auf mein Zuastand aufmerksam machn. Wann er mi net

fahrn laßt, habn S gwunna. Laßt er mi fahrn, zahln S bei uns in Kaffeehaus no des, was i durt konsumier. Einverstanden? I mach Sie aufmerksam, nach neun Viertln trink i gern no a größere Anzahl Stamperln zum Drüberstrahn."

„Im Interesse seiner Familie bin i auf de Wett eingstiegn", sagte Herr L. zum Bezirksrichter. „Mei Plan war, daß i den Wachmann sofort sag, der Herr hat an Rausch, wodurch die Autofahrt unterbliebn wäre. Mir kumman zu der Wachstubn, steht durt a Polizeibeamter. Bevur i no was sagn kann, macht der Herr Karl sein Hemd auf, zagt den Wachmann sei Medaijon und sagt: ‚Was glaubn S, Herr Inspektor, was i da drinn hab?' Sagt der, wie immer freundlich zu Bsoffene: ‚Ein Bild Ihrer Frau Gemahlin. Damit S wissen, ob S in der richtigen Wohnung san, wann S jetzt hamkumman.'

‚Naa', sagt der Karl drauf. ‚I hab an zusammengefalteten Hundertschillingschein drinn. Des is mei eiserne Reserve. Mit de fahr i jetzt mit den Herrn in an Taxi ham.'

Zuerst war i froh über diese Lösung. Dann is ma eingfalln, daß i de Wett verlurn hab, und da war i

nimmer froh. Weil i waß nämlich, was unser Kaffee-
siader für Preise hat. Drum bin i bei aner roten
Kreuzung unter an Vorwand aus den Taxi aus-
gstiegn und bin furt."
Karl N. hatte im Kaffeehaus die Rechnung über
annähernd siebenhundert Schilling auf Herrn L.
ausstellen lassen. Der Kaffeesieder klagte beide
Herren, Karl N. muß bezahlen.

A boa fiatln
deglich
bak i scho
weu mei keapa
brauchd
de flüsigkeid
und di sö
soe aa ned
drokn wean.
Ernst Kein

Bettler wider Willen

De sandla
brauchns
bei uns ned
am baunhof suachn
weu de kenans ee
in olle kreise findn.
                    Ernst Kein

„Das verstehe ich nicht!" wunderte sich der Bezirks-
richter. „Sie sind ein pensionierter Bundesbahner,
haben mehr als zehntausend Schilling Pension und
betteln trotzdem auf offener Straße?"

„Aber i bin do ka Bettler!" rief der Beschuldigte aus.
„I hab doch eh schon auf der Polizei erklärt, wia des
war: Der letzte schene Summertag wars, im Sep-
tember, da wollt i an ehemaligen Kollegn von mir
besuchen. Der Mann hat a klans Häuserl in Ober-
Sankt-Veit, direkt an aner belebtn Straßn.

I kumm hin, is er net z Haus. Denk i mir, wartst a
wengerl. Und weil i vom Gehn müad war, hab i mi
auf den betonierten Gartensockel gsetzt. Es war
sehr warm in der Sunn, so hab i mein Huat auf de
Knia glegt. Und so muaß i auf amal eintunkt sei.

Wach bin i wieder wordn, wia i dauernd Kling-kling
ghört hab. Des warn de Schüllingstückln, was ma de
Leit in mein Huat gwurfn habn. I hab mi sehr
scheniert und wollt gschwind weggehn. A Wach-
mann hat leider glaubt, i renn vur eahm davon und
is ma nach. Warum glaubt ma denn kaner, daß i net
bettlt hab?"

„Der Polizeibeamte schreibt in seiner Meldung, Sie
sollen den vorübergehenden Spendern freundlich
zugenickt und mehrmals ‚Danke, danke!' gerufen
haben", sagte der Richter.

„Des kann stimma",
seufzte der Pensio-
nist. „I war ja so
baff und verlegn,
wia i munter wordn
bin. Aber glaubn S
mir, Herr Richter, i
hab dieses ‚Danke,
danke!' sicher in an
sehr abwehrenden
Ton gesagt."
Der Beschuldigte

wurde vom Vorwurf der Bettelei freigesprochen.
„Gschiecht dir scho recht", sagte der Besitzer des
Häuserls, der als Zuhörer gekommen war. „Was
tragst denn so a Speckhüatl? Da wunderst di, wann
di de Leit für an Bedler haltn?"
Ein zweiter Kiebitz meinte geheimnisvoll: „Zerscht
hat er net bedln wolln. Aber wia er aufgwacht is und
des Geld im Huat gsehn hat, dann hat er se noch a
Viertelstund lang absichtlich für an Bedler haltn
lassn! Mir is de Geschicht von aner Frau, die dem
Mann ebenfalls fuffzig Groschen geschenkt hat, ge-
nau derzählt wordn. De Frau wüll sogar ghört habn,
wia der Pensionist denan Vorübergehenden a trauri-
ges Liad vurgsunga hat! Damit er mehr kriagt!"
„Des gibts alles", meinte ein Dritter tiefsinnig. „I
hab unlängst a Büachl von an reichn Grafn glesn,
der was se in Paris als blinder Bettler ausgebn hat.
Der is jedn Tag vermummt vur dera großn Notre-
dam-Kirchn gstandn und hat auf aner Geign gspült.
Dann später hat se herausgstellt, warum der Graf
zum Bettler wordn is: Er hat so schlecht geign-
gspült, daß eahm sei Alte, de Gräfin, jedsmal, wia er
zum Geign angfangt hat, ausn Schloß gjaugt hat."

103

Auf schwierigen Pfaden

> *Waun i*
> *fon an*
> *wiatshaus*
> *ins aundare*
> *waundan dua*
> *daun mochi*
> *meina meinung noch*
> *bewegung gnua.*
> Ernst Kein

„Vur de Verbotstafeln hab i an Spundus", sagte Herr R. zum Bezirksrichter. „I hab nämlich erst heuer a doppelte Straf zahlt, weil i ma aus an Teich mit der Aufschrift ‚Angeln und Baden verboten' mein Huat außegangelt hab. I bin dabei bis zu den Knöcheln in Wasser gstandn, und obwohl des Wasser a Dreck-lackn war, hat der Greanhüter glaubt, i wüll a Fuaß-bad nehma. Aus den Grund paß i jetzt auf, und wann i gwußt hätt, was mi erwart, war i nie bei den Wirtshaus hint außeganga, nur weil vurn wegn der Sperrstund scho zua war.

Der Wirt laßt mi damals hint bei an Türl auße, i kumm auf an Gang, siech i scho a Tafel hänga ‚Hier wird bei Glatteis nicht gestreut!'. Nachdem do jetzt von an Glatteis ka Red is, hab i der Sache net vül Bedeutung beigemessen; bin aber glei drauf durch a Tafel ‚Halt, Weintrinker!' aus dem Gleichgewicht geworfen worden. I hab ja grad a Viertl Wein trunkn ghabt, und wann i des gwußt hätt, war i auf a Flaschl Bier ganga. I hab gschaut, ob mi niemand siecht, und bin an den Schüld vurbeigschlichn, und wia i a paar Schriatt weidageh, stoppt mi a Tafel ‚Verbotener Weg!'. Jetzt war i aufghaut und prak-tisch im Niemandsland, weil bein Wirtn auf der Hin-

tertür a Tafel ‚Ein-
tritt nicht gestattet'
ghängt is. Zum
Glück war aber glei
a Stückl weida der
Hinweis ‚Hunde
sind an der Leine
zu führen', drum
hab i so tan, wia
wann i an Hund
hätt, und bin
weidaganga. Des

nächste Schüld ‚Musizieren verboten' hat ma nix
ausgmacht, weil i hab außer an Kampl nix bei mir
ghabt, und des müaßt ma erst aner nachweisn, daß i
auf den spüln wollt.
I bin auf Zechnspitzn weidaganga, es war immerhin
der Vermerk ‚Krankenanstalt! Bitte um Ruhe!' an-
gschlagn, und hab no kurz mei Hosntürl überprüft,
weil nämlich auf aner Tafl gstandn is, daß man die
Kleider noch vor dem Verlassen der Anstalt in Ord-
nung bringen soll. Dann bin i scharf, trotz des Hin-
weises ‚Zollkontrolle!', bein Haustur auße, i hab ja
nix mitghabt, und bin auf der Gaßn in a Baugruabn
gfalln. Durt ghört a Schüld hin ‚Achtung, Baustel-
le!', aber grad des war net durt."
Herr R. war durch die Passage eines Schilderher-
stellers gegangen. Wegen des Unfalles wird ein Bau-
polier einvernommen werden.

Die beiden Seiten des Mondes

*Schauns
wia mas mocht
is foesch
mei liawa hea
drum moch i
scho seid laungem
goa nix mea.*

Ernst Kein

„Oje", jammerte ein Gast, der in einem Wirtshaus saß und beim Fenster hinaussah, „der Mond is im Abnehma! Da kriag i allerweil mei Rheumatisches!" „Der Mond is net im Abnehma", widersprach sein Tischgenosse. „Waaßt denn du net, an was ma des kennt? Wann ma aus der Sichl a Zett machn kann, dann is er in Zuanehma. Und wann ma ein A draus machn kann, dann is er im Abnehma."

„Bledsinn", meinte der andere. „I waaß, daß er in Ohnehma is, weil i mei Rheumatisches spür. Des was du mir derzählst, kann scho deswegn net stimma, weil ma den Mond net immer von derselbn Seitn siecht."

Der Gesprächspartner war sehr überrascht. „Wiaso denn net?" fragte er.

„Ganz anfach", sagte der andere. „Wann i zum Beispül in Favoritn bei an Wirtn sitz und zum Mond auffeschau, dann siech i eahm von aner andern Seitn wia da in der Leopoldstadt. Dann is dei A auf amal a Zett. Dann nehmert für di der Mond in Favoritn oh, und da in der Leopoldstadt nehmert er zua. Des war a schena Buschkawül, du Mondkäube!"

„Paß auf", meinte der Tischgenosse. „Mit dir red i net weida. Wäu du bist so bled, daß du in ganzn Tag brülln müaßerst, wann dir dei Bledheit weh tatert.

106

A Mensch, der was in Weltraumzeitalter lebt! Und büldt se ei, in Favoritn sehgn s in Mond von der Maschekseitn!"
„De zwa habn se dann mitn Wei angschütt", berichtete der Kellner als Zeuge. „De warn ja alle zwa angsoffn, i glaub, a jeder hat in Mond doppelt gsehgn. Mir is des Wurscht, wer verurtäult wird, Herr Richta. Aber i glaub, des mit den A und mit den Zett kann net stimma. I kann nämlich a bisserl Ungarisch. Da haßt ohnehma lefogyni und zuanehma hizni. Wia solltertn da de Ungarn wißn, ob der Mond im Abnehmen oder im Zunehmen is?"
Es wurden zwei Freisprüche gefällt.

Der Berufsgratulant

Feia so wiari
nua mea in
naumansdog
weu do frogt
nocha kana
da wiafüte
oes es is.

Ernst Kein

„Am ersten April wars", berichtete der 50jährige Hugo Wiscozyl dem Bezirksrichter. „Sitz i beim Fruahstuck, auf amal klopfts. I mach auf, steht a Herr draußt, a bisserl schöner anzogn wia a Bedla, und sagt: ‚Morgn, Herr Hugo! Derf i Ihna zum Namenstag gratulieren? Alles, alles Guate, Herr Hugo! Lassn S Ihna de Hand schütteln!'

I gib eahm de Hand, sag: ‚Danksche! Wiaso wissn S denn, daß i Namenstag hab?' – Mant er: ‚Des steht in Kalender. Derf i Ihna a kleines Geschenk überreichn? Was habn S denn liaber, a Schachterl Zünder oder a guats Zuckerl? Wann S a Raucher san, werden S mit de Zünder a Freud habn, andernfalls lutschn S sicher gern was Süaß. Also, was nehma denn? A Zuckerl? I siechs Ihna an! Se san a Naschkatz!'

Sag i: ‚Tschuldign S, wer san Se überhaupt?'

Sagt er: ‚Sie kennen mi net? I bin der Gratulierer-Karl. I geh des ganze Jahr da in Bezirk zu de Namenstagskinder gratulieren. Bei Ihna war i no net. Weil vurichs Jahr habn S no a alts Türtaferl ghabt, da is nur H. WISCOZYL draufgstandn. Auf a H allan klopf i net an, da bin i zu seriös. Des kann ja Heinrich, Hans und Habakuk haßn, na, na, des tua i net. Aber heuer habn S a neichs Taferl, da steht

108

Gott sei Dank
HUGO drauf:
also, nochmals
meine Gratulation!'
Jetzt hab i gwußt,
daß der Mann a
Spezialbedla is,
und hab mit der
linkn Hand, mei
rechte hat no
immer er in der
Hand ghabt, in
mein Sack um fünf Schilling griffn. Er hats gnumma, war aber sichtlich enttäuscht und hat gsagt:
,Herr Hugo! Gebn S ma no was drauf! Heute is a
schlechter Tag! Erstens is der erste Aprüh, vül Leit
glaubn, i mach an Aprühscherz, und zweitens haßn
so wenig Leit Hugo! Den Hugo Portisch find i net,
obgleich er an splendiden Eindruck mocht. An Hugo
hab i no zwa Häuser weida, aber der streit ma des
jedes Jahr oh, er hat nämlich an Doppelvornamen.
Murgn gehts ma wieder besser, murgn is Franz.
Aber heut san Se in den Gretzl mei Existenzmini-
mum. Gebn S ma no was drauf, Herr Hugo! I gib
Ihna no a Zuckerl.'
I hab eahm no fünf Schilling gebn, er hat ma zwa
Rachenputzer ins Schilehtaschl gschobn, hat ma no
amal sehr stark de Hand beidlt und is furt. Wia er
weg war, hab i bemerkt, daß ma a Ring von mein
Finger fehlt.
Damit i des Früchterl derwisch, hab i zu aner List
gegriffen und hab mi am nächsten Tag bei an Herrn
im Nebenhaus versteckt, der Franz haßt. Wia der
Gratulierer-Karl kumma is, hab i glei de Funkstraf
verständigt."

Es stellte sich heraus, daß der Gratulierer-Karl kein Dieb ist: der Ring fand sich in der Fußmatte des Herrn Hugo. Karl N. wurde jedoch wegen Bettelei zu 24 Stunden, bedingt, verurteilt.

Di easchte
wos fon dia
a maut wüü
is di hebam
da lezte wiad
da dodngrowa sei
und dazwischn
hoet da
rest fon wiin
di haund auf.
      Ernst Kein

Finderlohn

Der 68jährigen Beamtenswitwe war ihr Mops ent-
laufen. „Lidy, wo ist meine Lidy?" jammerte die Frau
und suchte die umliegenden Häuser ab. „Beim Kon-
sum hab ich sie vor der Tür angebunden. Wie ich
herauskam, war sie weg. Wo ist meine Lidy?"

Am Abend erschien der Pensionist Alois R. bei der
Witwe und brachte die „Lidy" an der Leine mit. „Was
glaubn S, wo i den Hund gfundn hab? Vur aner Tier-
handlung is er gstandn und hat se de Hundekuchn
in der Auslag angschaut. Da habn S eahm wieder,
was is er denn wert?"

„Sie ist unbezahlbar!" rief Frau G. glücklich. „Wollen
Sie ein Glas Milch, Sie braver Mann?"

„Danksche", erklärte der Pensionist. „Mei letzte
Mülch hab i an der Mutterbrust trunkn. Wann S kan
Obstler habn oder an Magnschnaps, dann kriag i
nur de zehn Perzent Finderlohn. Nachdem er unbe-
zahlbar is, einigen mir se auf an Tausender."

Die Witwe gab dem Mann 100 Schilling. Nachdem er
sich schimpfend entfernt hatte, erfuhr sie von einer
Frau, daß der Rentner den Hund vom Konsumportal
entführt hatte, um einen „Finderlohn" kassieren zu
können.

„I bin verleumdet", erklärte der Pensionist vor
Gericht, wo er wegen Diebstahls angeklagt war. „I
hab den Hund gfundn, wia er bei der Tierhandlung

de Hundekuchn angschaut hat. Des is der Dank für mei Tierliebe! Des schreib i der Klinger! I kan Ihna nur ratn, Herr Richter, lassn S de Frau psychiatriern. Was de mit den Hund aufführt, is unmenschlich.

In Winter hat der Mops a gstrickts Gwandl mit an Pelzkragerl an. In Summer tragt er a Leinenhoserl, und in Fruahjahr hat er a Pepitakostüm an. Wann de Frau in der Fruah uma Wasser aufn Gang geht und de Tür offen laßt, siecht ma den Mops mitn Pitschama bei der Tür stehn. Alles, was recht is, aber a Hund is schließlich a Hund. Ma muaß direkt a Angst habn, daß er an beißt, wann ma eahm net grüaßt."

Weil dem Mann der Hundediebstahl nicht nachgewiesen werden konnte, wurde er freigesprochen. „I kriag no 900 Schülling Finderlohn", erklärte er hartnäckig zum Abschluß.

Hypochonder und Polizist

„Alsdann, de Gschicht war a so", berichtete Frau Josefa D. als Zeugin. „Mei Mann hat se damals bein Brotschneidn in Finger gschnittn. Weils so stark blüat hat, hat er Angst kriagt und wollt unbedingt ins Spital bracht werdn. Zerst hat er von mir verlangt, i soll de Rettung verständichn. Des hab i net gmacht. Drauf is er gschwind zu unsern Nachbarn, den Herrn Sustil, umegrennt und hat den Herrn Sustil sekkiert, daß der ihm mit sein Auto auf de Unfallstation bringt."

„Achte wars", berichtete Herr Sustil, „i hab mi grad vurs Fernsehkistl gsetzt habt, läuts Sturm. I mach auf, steht draußt der Herr Ferdinand, hat a Handtüachl um de Hand gwicklt und is leichnblaß in Gsicht.

‚Schnell ins Spital mit mir', hat er gsagt. ‚I hab mi schwer verletzt. I brauch sofort ärztliche Hilfe!'

I hab ja net gwußt, was er hat. In de Schlapfn bin i glei zu mein Auto obegrennt und bin mit eahm losbrettlt.

I kumm zur erstn Kreuzung, wirds gelb. I wüll stehnbleibn, schreit der Herr Ferdinand: ‚Drüba! Es geht um mei Lebn!' Glei drauf hat mi scho a Wachmann ghabt.

Der Wachmann verlangt von mir die Autopapiere,

114

der Herr Ferdinand halt eahm de ein- gwickelte Hand ausse und schreit: ‚Wolln S mi auf Ihna Gwissn nehma? Lassn S uns fahrn! Es geht um Sekunden!' Der Herr Inspekta, pflichtbewußt, wahrscheinle wollt

er Erste Hilfe leisten, hat gschwind des Tüachl vom Herrn Ferdinand seiner Hand obegwicklt und hat nix gsehn. Dann hamma a klans Schnitterl aufn Fingerspitz bemerkt, vielleicht an Santemeta lang.

‚Ah so', hat der Herr Inspekta gsagt. ‚Es wollts mi pflanzen. Bitte auszusteigen. Des war ja ganz a nei- cher Schmäh. Wann aner über de gsperrte Kreuzung fahrt, wicklt er se gschwind a Handtüachl übern Finger.'

Nix war gwest, der Wachmann hätt se begln lassn. Na, der Herr Ferdinand geht se aufregn, wird frech, na und jetzt hat er de Bescherung."

Die Verhandlung konnte nicht durchgeführt wer- den, weil der wegen Amtsehrenbeleidigung ange- klagte Ferdinand D. nicht erschienen war.

„Er scheniert se", sagte die Gattin zum Bezirksrich- ter. „Können S ihm net a Strafverfügung zuschickn? Er is a guater Kerl, mei Alter, aber a großer Hypo- chonder!"

Ferdinand D. wird eine Strafverfügung erhalten.

Der fleißige Herr Balduin

*Waun da wos
ned bast
daun hau
aum disch
i mox aa so
waun mei frau
ned zaus is.*
Ernst Kein

Herr Balduin Z. wohnt in einem Haus, wo die Wasserleitung noch auf dem Gang ist. Kürzlich holte er frühmorgens einen Kübel Wasser und traf bei der Bassena mit einigen Frauen zusammen.

„Des is a Mann!" sagte die eine. „Um siebene is er scho auf und hülft seiner Frau bei der Hausarbeit! Mei Alter, der fäule Ütis, liegt no in Bett und laßt se in Kaffee bis zur Pappn bringa!"

„Ja, der Herr Balduin!" setzte eine andere das Lob fort. „Den hätt i kriagn müaßn! Dann war i heut net gschiedn! Schauts eahm nur an, was er für a scheene Schürzn umhat! Richtich hausfraulich schaut er aus! Kann ma Ihna net a bisserl ausleichn, Herr Balduin?"

„Gehts, laßts mi in Ruah", sagte Herr Z. verlegen. „I bin net anders wia de andern Männer. Wann ma der Frau an Kübl Wasser holt, is ma no ka Lotsch!"

„Aber fräule san Se ganz anders wia de unsrichn Männer!" meint eine dritte. „I hör Ihna do z Mittoch immer Gschirr ohwaschn, wann Ihner Frau bei der Nachbarin is. Se san a Perle, Herr Balduin! Mei Alter rührt ma ka Hangerl an. Außer er schneuzt se eine."

„I bin ka Perle!" rief Herr Balduin zornig. „Derzählts nur so an Bledsinn umadum! De Männer in Haus

116

lachn mi eh scho aus. I bin ka Pantoffelheld! De Schürzn hab i nur um, weil i heut an Kastn streich!" „Na, vielleicht!" wurde jetzt auch eine der Frauen ungemütlich. „Vielleicht paßt Ihna des net, wann

ma Ihna lobt! Scheniern S Ihna vielleicht für de Arbeit? Wann S so angrührt san, red i Ihna halt nimmer an! Da is ma ja mei Mann bein Hintern liaba! Mit den kann ma redn, wann er se a von mir hint und vurn bediena laßt!"

„Na, geh, gehts net los auf eahm!" meinte eine andere Frau und tätschelte Herrn Balduin die Wange. „Schauts, wia liab er mit den Schürzerl dasteht! Fahrts eahm net so an, er is so a ruhiger, bescheidener Mensch! Kaner macht so wenich Dreck wia er, wann er am Gang de Schuach putzt!"

Die Nachbarin des Herrn Z. sagte als Zeugin: „Den Balduin is des zu blöd wordn. Er hat se de Schürzn obegrißn, hats auf d Erd ghaut, und versehentlich hat er auch den Wasserkübl von der Frau St. umgstoßn. Die Frau St. hat ihm draufhin stark beleidicht. Ma glaubt gar net, was de Frau St. für Schimpfworte waß! Und jetzt hats eahm no klagt aa! Bitte um an Freispruch fürn Herrn Balduin! Auf de Art sterbn de letztn idealen Ehemänner aus!"

Herr Balduin wurde freigesprochen. Seit jenem Vorfall hat seine Gattin eine wesentliche Hilfe an ihm verloren.

Wirksame Hilfe
- böse Folgen

Waunsd da fo mia
a hüf eawoatst
bisd sea oam drau
weuli ma
ned amoe söwa
höfn kau.
Ernst Kein

„Bei uns is no kaner derstickt", sagte der Besitzer eines bekannten Fischrestaurants als Zeuge vor Gericht. „Natürlich passiert's immer wieder, daß an Gast a Graterl im Hals stecknbleibt. Aber auf solche Zwischenfälle samma eingspült.

Den Moment, wo von an Tisch a Krächzen hörbar wird (des Geräusch kenn ma scho, wann aner nach Luft ringt), bin i mit unsern Kellner scho durt, und wir leisten wirksame Hilfe.

Zuerst kriagt der Betreffende mit der flachn Hand an leichtn Schlag aufn Rückn. Is nur a klans Graterl, was er im Hals hat, spuckt er's sofort aus. Wann der flache Schlag nix hüft, versetz ma dem Betreffenden an Fausthieb zwischen de Schulterblattln. Da lösn se meistens auch de greßern Gratn. Wann des aa nix nutzt, wann der Gast scho blau wird, wia a Forelle bleu, müaß ma natürlich zu drastischeren Hilfsmitteln greifn.

In so an Fall wird der Gast mitsamtn Sessl umgedreht, daß er mitn Kopf nach untn hängt. Des is alls eingspült, Herr Rat, da sitzt a jeder Griff. Den Moment, wo der Gast mitn Kopf nach untn hängt, halt i eahm de Nasn zua, der Kellner gibt eahm einige Schläge auf den Rücken, und so a Gratn gibt's gar net, de da net zum Vorschein kummt. I erinner mi nur an an anzichn Fall, daß i an Gast mitn Finger in

118

Schlund gfahrn bin, weil er de Gratn net und net ausspuckn wollt. Aber der Herr hat damals a ganzes Forellngerippe im Hals steckn ghabt. Alsdann, wia gsagt, bei dem Herrn, der heut da als Zeuge is, war der Fall 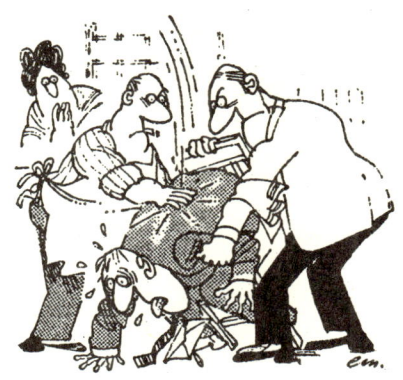 auch etwas schwierig. Er hat des Schwaferl von an Karpfn im Hals ghabt, und drum hamma eahm, in geübter Weise, aufn Kopf stelln müassn. Nachn drittn Schulterschlag war des Karpfnschwaferl heraußt, der Herr hat wieder Luft kriagt – nur leider, leider hat er, wia er mitn Kopf nach untn ghängt is, an Briaf aus der Rocktaschn verlurn.

Sei Frau is auf den Briaf sofort hingfahrn; der Briaf hat sie mehr intressiert wia ihr Mann, obwohl er scho a Farb wia a Veigerl im Gsicht ghabt hat."

Der Brief stammte von einer Freundin des Ehemannes. Die Frau, die wegen Gattenmißhandlung angeklagt war, wurde freigesprochen.

*Waunsd an
wönsitich hosd
schbea eam
wenigsdns in an
schenan kefich
damida
aa wos hod
fon sein lem.*
Ernst Kein

Streit um
den Vogel

Bei Frau Herta V. klopfte es an der Wohnungstür. Eine fremde Frau stand draußen. „I bin de Frau K. von der Dreierstiagn", sagte die Fremde. „I hab ghört, Ihna is a Wellnsittich zuagflogn. Den möcht i gern ohholn. Des is nämlich meiner."

„Wer sagt denn, daß der Vogl Ihna ghört?" fragte Frau V. „Da könnt a jeder kumma. Gebn S ma a Personsbeschreibung von den Vogl, sunst laß i Ihna gar net eine."

„Redn S kan Stuß!" rief Frau K. „I hör eahm doch scho redn, mein Hansi! Hansibua, Hansi! Dei Frauerl is da und holt di wieder ham! Ruckn S auße den Vogl, aber gschwind, sunst kratz i Ihna de Augn aus!"

„I wüll a Personsbeschreibung von den Vogl", beharrte Frau V. „Se wolln büllich zu an Sittich kumma, was? Bei mir net, Frauerl! Hansi haßt des Viecherl überhaupt net. Mir habn eahm Tschimmi tauft, und auf den Nam hört er jetzt und sunst auf kan. Verstengan S!"

Jetzt wurde es Frau K. zu bunt. Sie stieß mit dem Vogelkäfig, den sie mitgebracht hatte, gegen den Bauch von Frau V. und schrie: „Wann S ma mein Hansi net freiwüllich gebn, hol i eahm mit Gewalt aus dera dreckichn Bude auße! Platz machn! Wia er nur want vur lauter Hunger, der arme Vogl! I kumm scho, Hansi, i kumm scho!"

Frau K. „kam" tatsächlich in die Wohnung, aber der Hausfriedensbruch hatte schwere Folgen. Frau V. wehrte die Zudringende mit Händen und Füßen ab, und als Frau K. schließlich zerkratzt und zerbissen bis ins Kabinett vorgedrungen war, mußte sie erkennen, daß es wirklich nicht ihr „Hansi" war, der da in einem Käfig saß. „De Frau hat mi mit ihrn falschen Gebiß in de Hand bißn, daß i heut no den Abdruck auf der Haut hab", sagte Frau K. zum Bezirksrichter. „Schaun S her! Des schaut aus, wia wann mi a Kuah bißn hätt."

„Na hörn S!" sagte die Klägerin, „i laß ma doch net von aner Wüldfremdn unsern Tschimmi entführn! Mir habn den Vogl unter Lebensgefahr von aner Dachrinnen obegholt, und jetzt hätt ma eahm dera Frau in Rachn werfn solln?"

Die Verhandlung wurde vertagt, weil ein ärztliches Attest über die Bißwunde gebraucht wird.

Hinter den Kulissen ...

So is des hoed
auf dera wöd
de an de haum
die schuidn
und de aundan
haum es göd.
Ernst Kein

Der 45jährige Bühnenarbeiter Eduard N. war wegen Exekutionsvereitelung angeklagt.

„Geben Sie zu, daß Sie Ihre gesamte Wohnungseinrichtung versteckt hielten, als der Exekutionsbeamte zu Ihnen kam?" fragte der Richter.

„I hab nix versteckt!" beteuerte der Beschuldigte. „De Sachn warn alle in der Wohnung. Wanns der Herr net gsehn hat, kann i nix dafuar."

„I habs net sehn können, weil der Mann Kulissn in der Wohnung ghabt hat", sagte der Beamte als Zeuge. „De hat se der Herr N. ausn Theater mit hamgnumma, damit er mi irreführn kann.

Wia i de Wohnung von den Mann betretn hab, hab i momentan glaubt, i steh in an römischn Templ. Lauter Säulen rundherum, in aner Eckn a Springbrunnen, aber kane Wertgegenstände.

,Seit wann wohnen Se wia der Kaiser Nero?' hab i gfragt. ,Des letztemal, wia i bei Ihna war, is Ihna no der Putz von de Wänd gfalln. Aber damals is ma de Wohnung größer vurkumma.'

,De neuche Malerei täuscht', hat der Mann gsagt. ,I war durch meine Schuldn so verzweifelt, daß i zum heidnischn Glaubn übertretn bin. I hab meine letzten Wertgegenstände verkauft und hab ma von an Bühnenbildner de Wohnung auf römisch ausmaln lassn. Lassn S ma mei allerletztes Leintüachl, Herr

Exekutor! I hab ma draus a Toga nahn lassn!' I hab momentan glaubt, der Mann is durch de vüln Schuldn teppert wordn, und hab scho wieder gehn wolln. Bein Aus-segehn hab i auf

amal bemerkt, wia de ane Säuln woglt. ‚Was is des?' hab i gfragt.

‚A Erdbeben', hat der Herr N. gsagt.

I hab dann in der an Eckn de Wand auf d Seitn gschobn und hab den ganzn Schwindl entdeckt. De Wohnung war hinter de Kulissn total eingerichtet. Sogar a paar neiche Sachn hat er se wieder auf Ratn dazuakauft ghabt."

„I beruf!" erklärte Herr N., nachdem er bedingt ver-urteilt worden war, „i kann ma mei Wohnung ein-richtn, wia i wüll! Und wenn der Staat Milliarden-schulden macht, kann i ma scho a paar Tausender leistn."

Waunns ka
waunung haum
dans ina
ned beschwean
wei do kenans
wenigstens ned
kindigt wean.
  Ernst Kein

Eine nostalgische Affäre

Waun da
ana sogt
daas fria
bessa woa
daun glaub
eam ned
weu di leid woan
ollaweu scho
a bagasch.

Ernst Kein

„Mei Neffe hätt gern a Stanschleudern", sagte in einem Kaffeehaus ein Gast zu seinem Sitznachbarn. „De Stanschleudern werdn jetzt wieder modern, auch Kinder sind nostalgisch. Mit an Plastikrevolver können de Buam nur krachn, aber a Ziel trifft ma halt do am besten mit aner Stanschleudern. I hab alls in Sack, was man braucht, wamma a Stanschleudern machn wüll. Helfn S ma dabei?"

„Aber gern", meinte der andere. „Habn S an Gummi da? Und a Gabel! Ane aus Draht oder ane aus Holz? Ane aus Holz, is eh besser. Gebn S mas glei.

Jetzt brauch ma zwa klane Ringlschraufn. Habn S zwa Ringlschraufn? Ah, Se habn eh zwa Ringlschraufn, na, gebn S mas. De schrauf ma obn bei der Gabl links und rechts eine. Soda. Des hätt ma.

Jetzt gebn S ma in Gummi. Is des a Vierkantgummi? A anderer is a Dreck. Ah, Se habn eh an Vierkantgummi. Na, gebn S her. Ja, der hat an Zug.

Jetzt brauch ma no a Lederfleckerl. Ohne Lederfleckerl kann i Ihna ka Staschleudern machn. Schaun S, ob S a Lederfleckerl habn. Da habn S eh ans. Na, gebn S her des Lederfleckerl.

Jetzt leichn S ma a Messerl. Damit i in des Leder-

124

fleckerl links und rechts a Lickerl schneidn kann. Durch die Lickerln ziag ma in Gummi ein, jawohl, so. Jetzt brauch i no an dinnan Spagat, weil i muaß den Gummi obn und untn zsammbindn. Habn S an dinnan

Spagat? Des Zsammbindn halt nur mit an dinnan Spagat. Ja, der is guat. Nur guat, daß S alls mithabn.

Soda. Des wars. Fertig samma. Schaun S Ihna de Stanschleudern an. Is des a Stanschleudern? So a schöne Stanschleudern habn mir als Buam net ghabt. Jetzt gemma auf de Gassn, um an Stan. Mir probiern s glei aus."

Der Kaffeehauskellner sagte zum Bezirksrichter: „De zwa Herrn san ausse und habn kan Stan gfundn. Bei uns gibts kan Stan. Bei uns is alles betoniert, mir habn Blumenbeete in der Gassn, mit gesiebter Erde, aber kan Stan. I hab eahna intressiert zuagschaut. Se habn ein jedes Rinnsal, so weit das Auge reicht, alls habns ohgsuacht, um an Stan. Es war aber kaner zum finden. Wir leben in aner gepflegtn Stadt. Bei uns können de Kinder nur mit Plastikrevolver schiassn. Leider san de zwa Herrn dann nimmer zruckkumma."

Der Kaffeesieder hatte Anzeige wegen Zechprellerei erstattet. Die beiden Gäste („Ma wird do no an Stan suachn dürfn") wurden freigesprochen.

125

Stark sehbehindert

Es is a sötsaumes fenomen bei de fawauntn daa sam umso liaba wean dan je weida weg oes san.

Ernst Kein

„Es gibt nix Ärgeres wia a Saf in de Augn", sagte Herr P. zum Bezirksrichter. „Unlängst hab i mir in Kopf gwaschn, und grad wia i zum Ohschwabn anfang, hats an der Tür gläut. Nachdem i an den Tag in Geldbriaftrager erwartet hab, bin i gschwind mit zuakniffene Augen aufmachn ganga. Es war aber net der Geldbriaftrager, sundern de Antschi-Tant.

‚Jessas, bist du grau wurdn!' hats gsagt.

Sag i: ‚Des is nur de Saf in de Haar.' I habs umarmt und wollt ihr a Bussl gebn, hab aber an Vollbart gspürt.

‚I hab dir in Karl-Onkl mitbracht', hat die Antschi-Tant gsagt. ‚Gell, da schaust!'

‚Ja, also, da schau i wirkle', hab i gsagt und hab meine Augen gribbelt, wodurch i no weniger gsehn hab. ‚Wo bist denn, Antschi?'

‚Da bin i', hat sie hinter mir gsagt. ‚Mir san scho in der Wohnung. Geh, nimm meine Koffer, de stengan vur der Tür.'

Darauf bin i ausse und hab mi über de Koffer dersteßn. Mit an beißenden Schmerz in de Schienbanln und mit der beißertn Saf in de Augen bin i mit de Koffer dreimal in Kras und dann erst bei aner offenan Tür eineganga.

126

Sagt a Männer-
stimm: ‚Aufpassn,
des san meine
Zechn!'
Sag i drauf: ‚Karl-
Onkl! Entschuldi-
gen. I siech nix.'
Sagt de Männer-
stimm: ‚I bin net
der Karl-Onkl!'
‚Ja', sag i drauf,
und bin mit der

ausgstreckten Hand an a Damenhoserl ankumma,
‚wen hast denn da no mitbracht, Antschi?'
Kriag i auf amal a Murdstrumm Tetschn, daß i
direkt gspürt hab, wias ma de Schaumflockn aus de
Haar haut. I bin aufn Gang tamlt, und von aner
derbn Hand neuerlich in a Wohnung zogn wurdn. I
hab gfragt: ‚Wer sind Sie?', hat er gsagt: ‚Der Karl-
Onkl.' I kanns aber net glaubn, daß mi der Karl-
Onkl ohtetschnt hat, de Antschi-Tant war ja net im
Neglischeh."
Der Nachbar, in dessen Wohnung Herr P. versehent-
lich geraten war, erhielt wegen der „Tetschn" eine
Geldstrafe.

Hilferufe aus
dem Schlafsack

I sog da
schbüü di
ned mid mia
sunst wiari wüd
weu i hob mi
scho oes kind
ned mid an
jedn gschbüd.
      Ernst Kein

„Unlängst hab i mir an Schlafsack ausburgt", be-
richtete Herr T. dem Bezirksrichter. „Und zwar beim
Herrn Duwidadl, der bei uns in Haus wohnt. I hab
zufällig gwußt, daß der Duwidadl an Schlafsack hat.
Er hat ma nämlich amal a Fotografie zagt, wo i
glaubt hab, es is a Wicklkind in Großaufnahme, es
war aber der Herr Duwidadl im Schlafsack. Aus den
Grund bin i zum Duwidadl ganga, obwohl i gwußt
hab, der Duwidadl leicht net gern Sachn her.
Na, i kumm zu eahm und sag: ‚Herr Duwidadl,
könntn S ma Ihnern Schlafsack burgn? Für a Berg-
wanderung!‘ Hab i glei gsehn, er suacht nach aner
Ausred. Dann hat er gsagt: ‚Da is der Zippverschluß
hin!‘
Nachdem i gwußt hab, der Duwidadl suacht a Aus-
red, hab i gsagt: ‚Des macht nix. I biwakier ja net im
Freien, nur in der Hüttn. Wann S so liab san, burgn
S mirn trotzdem.‘
Drauf hat er mir, i habs eahm angsehn, mit an
Widerwülln den Schlafsack gebn, und i bin damit in
mei Wohnung ganga.
Durt hab i den Schlafsack aufs Bett glegt, hab ma de
Schuach auszogn und bin zur Probe glei einekrochn.
Den Zipp macht ma bei an Schlafsack von innen zua,

128

i hab eahm zua-
zogn, hab i gsehn,
er geht einwandfrei
zua.
Der Duwidadl!, hab
i ma denkt und
wollt den Zippver-
schluß wieder auf-
machn. Er is aber
nimmer aufganga.
I hab dran uma-
dumgrißn, habs

gefühlvoll probiert, es war nix zu machn. Bis dicht
uman Hals auffe war i zua, i war ohbundn wia a
Knackwurscht, ka Hand hab i außekriagt und war
daher praktisch gefangen.

In meiner Verzweiflung hab i mi vom Bett falln
lassen und bin wia a lebendiger Nudlwalker zum
Telefon gerollt. Durt hab i mitn Kopf den Hörer
obegstessen und hab mit der Nasn de Nummer von
meiner Schwester gewählt, de was in der Näh wohnt
und von mir Schlüssln hat. De war zum Glück glei
da und hat mi mit aner Geflügelscher auf der
Bauchseitn aufgschnittn. I hab mei Erlebnis scho in
mehreren Wirtshäusern erzählt; alles glaubn ma de
Leit, nur daß i mit der Nasen telefoniert hab, des
glaubt ma kaner."

Herr Duwidadl fordert einen neuen Schlafsack. Das
Urteil wird schriftlich ergehen.

Kampf dem Pfusch!

Ob das
a fiama mocht
oda a pfuscha
is egau
es wiad
auf jedn foe
a pfuscharei.
                Ernst Kein

„I hab an Spezl, der arbeit in aner Ausstellung", sagte Herr L. zum Bezirksrichter. „Neilich hab i eahm besucht, hat er grad in dera Ausstellung a komplette Wohnung aufgstellt.

‚Was wird denn des?' hab i gfragt. Sagt er drauf: ‚Des wird a Ausstellung von der Kammer, unter dem Titel »Kampf dem Pfusch«. De Zimmer san alle komplett eingerichtet und schaun vollkommen in Urdnung aus, in Wirklichkeit warn aber lauter Pfuscher am Werk. Die Räume sind sozusagen ein abschreckendes Beispiel. Wer de Wohnung kennt, nimmt se kan Pfuscher mehr.'

Grad wia i eahm um nähere Details fragn wollt, hat eahm a Master gruafn, und i bin allan in der Wohnung gstandn. Drauf hab i mi a bißl umgschaut, und seitdem i mi durt umgschaut hab, beschäftig i nur mehr konzessionierte Professionisten.

I hab durtn an Liachtschalter betätigt und hab sofort an elektrischen Schlag kriagt, der mi für Sekunden halbseitig gelähmt hat. Mit der gsunden Seitn bin i gegn a Büacherwand tamlt, de was daraufhin mit starkem Getöse wia nach aner Steinbruchsprengung in sich zusammengefallen is. I hab a Büachl aufn Schädl kriagt, des was anscheinend von an Buachbinder in Pfusch bundn wurdn is, weils

130

nämlich überhaupt kane Seitn ghabt hat, sondern innen hohl war. Währenddem a Sessel, an dem i mi anhaltn wollt, sofort sei Lehne verlurn hat, hab i mit an Schuach an Hazkörper von der Wand grißn, und hinter  mir is a Luster, der was nur mit an Christbamhakerl am Plafond befestigt war, zu Boden gestürzt. Blutend von Kopf bis Fuß bin i ins Bad getaumelt und wollt ma durt aus an Erste-Hilfe-Kasterl a Mullbinde herausnehmen, es war aber nur, wie bei Pfuschern üblich, a Brandsalbn drinnan. Erschöpft hab i mein Kopf untern kaltn Wasserhahn ghaltn und bin sofort brennhaß verbrüht wurdn, wobei i no a schlecht montierte Etaschehr mitsamt a paar Fliesen ins Gnack kriagt hab. Mei Glück war, daß die Dunstabzugshaube von der anschließenden Küche draußt auf der Gaßn hinter an Briafkastl gemündet hat, wodurch a Herr, der grad an Briaf aufgebn wollt, meine Hilferufe gehört hat."
Zur Einvernahme mehrerer Zeugen wurde die Verhandlung vertagt.

Guter Rat von Weinkennern

Bei uns
gibts zwoa
nua wenige
die wichtig san
owa füle
di si wichtig
mochn dan.
Ernst Kein

Ein Urlauber aus Deutschland betrat ein Weinlokal im dritten Bezirk. Er setzte sich und sah ziemlich ratlos auf die große schwarze Tafel ober der Schank, auf der sämtliche Weinsorten des Lokals angeführt waren.

„Se san a Tourist", sprach ihn ein Mann vom Nebentisch an. „Des siech i, weil S unter der Wochn so a reins Hemmat anhabn. Se wißn net, was Sie trinkn solln? Nehman S de Hausmarkn, des is a tulli Tröpferl!"

„Trinkn S ja net de Hausmarkn, den Sauerampfer!" mischte sich ein zweiter Mann ins Gespräch. „Der Mensch nebn Ihna trinkt doch de Hausmarkn nur, weils büllich is und weil er nix von an Wein versteht. Nehmen S den Rotn, Herr! Der is guat fürn Magn!"

„San Se magnkrank?" fragte der erste „Ratgeber" den Fremden. „Na? Dann laßn S Ihna net von an Magnkrankn beratn! Den Mann da drübn habns ja scho in Zwölffingerdarm an de Speiseröhrn anghängt. Der sollt doch überhaupt nix trinkn, weil er kan Magn mehr hat. Außerdem is er a geistiges Conterganbaby, der was von Wein sovül versteht wia i von Klavierspüln. Nehman S de Hausmarkn und hurchn S gar nimmer zu den medizinischn Wunderkind ume!"

Ein Zeuge sagte: „Der fremde Herr hat se dann a Seidl Bier kauft. Derweil habn de zwa aber scho hinter sein Ruckn zum Rafn angfangt. Der ane hat den andern den rotn Wein ins Gsicht gschütt. Der mit der Hausmarkn

hat net zruckschüttn könna, weil er nix mehr in Glasl ghabt hat. So hat er si halt mit aner Tetschn revantschiert. Gwunna hat der Mann ohne Magn. Alle Achtung, wäu der hat nur vierzg Kila Körpergewicht."

Keiner der Beschuldigten war zur Verhandlung erschienen.

„De sitzn bestimmt wieder im Wirtshaus", meinte der Zeuge. „Wann S wolln, Herr Richter, ruaf i de Kellnerin an, damits es herschickt. De Kellnerin kenn i guat!"

Der Richter verzichtete auf die „Gefälligkeit" und vertagte die Verhandlung.

Bildungshunger und die Folgen

Wos glaums hea wos i fiara büdung hed waun i ned oes so gschwind fagessn ded.

Ernst Kein

„I bin sehr lernbegierig", sagte der 36jährige Erwin G. zum Bezirksrichter. „I will mi weiterbilden. Wer im Lebn was erreichn will, muaß se weiterbilden. Bis vor kurzem hab i Abendkurse besucht. Montag hab i Englisch glernt, Mittwoch Russisch und Freitag Chinesisch. Des Chinesische war am schwierigsten, weil die habn die Bilderschrift. Wamma da an Rechtschreibfehler macht und a Figur a bisserl klaner zeichnt, haßts glei was anders. Amal war die Lehrerin sehr beleidigt. Mir habn auf chinesisch den Satz schreiben müssen: ‚Unsere Lehrerin verbringt die meiste Zeit in der Schule.‘ I hab de Schul a bisserl zu klein gezeichnet, und dadurch hat der Satz ghaßn: ‚Unsere Lehrerin verbringt die meiste Zeit am Häusl.‘

Dienstag und Donnerstag hab i Zeitgeschichte studiert. I bin jetzt historisch bereits bis ins Altertum zurückgebildet. I waß zum Beispül, daß der Brutus in Julius umbracht hat, net in Meinl, in Cäsar, und daß der Nero konfessionslos war und trotzdem alle Christn verfolgt hat, de was ka Kirchensteuer zahlt habn.

Unlängst geh i vom Kurs ham, triff i an altn Freund, sagt er zu mir: ‚Du bist aber jetzt auf d Nacht überhaupt nimmer daham!‘

‚Wann i mi büld, kann i net daham sei‘, hab i gsagt.

‚Bildung ist wichtig. Waßt du zum Beispül, wer der Rinaldo Rinaldini war?‘
Mant er: ‚Na, aber waßt du, wer der Nepletal is?‘
Sag i: ‚Nie gehört. A böhmischer Erbgraf?‘
Sagt mei Freund: ‚Naa. Der Nepletal is a Tischler. Des is der, der was jetzt immer bei deiner Frau is, derwäu du di büldn tuast.‘“
Daraufhin gab ihm der erregte Bildungshungrige eine Ohrfeige. Die Angelegenheit endete beim Bezirksgericht. Erwin G. entschuldigte sich.

Gespenster unterwegs

*A monarchist
hods eingdli guad
weu di monarchii
kumt nimoes wiida
und so kauma
fon ia aa niimoes
entdeischt wean.*

Ernst Kein

„Ich bin noch immer Monarchist", sagte der aus dem Marchfeld stammende Franz B. zum Bezirksrichter. „Für das Ungemach, das mir im Schloß unseres lieben Herrn Grafen zugestoßen is, kann der Herr Graf wirklich nix. Aber der Schuldige muß bestraft werden!

Unser lieber Herr Graf hat vor einigen Wochen auf seinem Besitz a größere Patte gebn. Nachdem er mi von Kind auf kennt (mir san nämlich Grundnachbarn; mei Großvater hat nebn unsern Grafen sein Schloß a saure Wiesn), hat er mi ersucht, ob i net spaßhalber nach Mitternacht in den Schloßgängen a bisserl an Geist spieln könnt.

Ich hab nicht nein gesagt, bei aner Hetz bin i immer dabei. Bis uma zwölfe hab i in der Schloßkuchl mit der jungen Köchin geschäkert. Dann hab i mi mit einigen Leintüchern verhüllt und bin durch die Gänge gewandelt. Ganz so, wias unser lieber Herr Graf wolln hat.

Es war zerst wirklich a Hetz. Wia auf der Geisterbahn. I hab de jungen Pärchen aufgeschreckt, de was in de Nischn gschmust habn. A alte, liabe Gräfin hats sofort umghaut, wias mi gsehn hat, und a achzgjahricher Baron, der Ehrengast, hat salutiert, wia i bei eahm vurbeiganga bin. Es war auch äußerst lustig, wia de Herrschaften im Fernsehsalon plötzlich bemerkt habn, daß hinter eahna in der Finstern a Geist sitzt.

Um dreiviertelans hat's mi nimmer gfreut. I wollt grad no auf an Sprung in Weinkeller zum Kellermaster gehn. Net schreckn, nur auf a Achterl. Kummt mir auf der finstern Stiagn a weiße Gestalt entgegen.

Zuerst hab i glaubt, i steh vur an Spiagl. I wollt scho lachn, haut mir der zweite Geist a Tetschn obe. Aber a anständiche. I hau zruck, triff ins Leere.

Des zweite Gspenst hat mi dann einige Minutn lang mit Boxhieben mißhandelt. I hab fleißig zruck-gschlagn, aber i hab immer ins Leere troffn. Punkt ans war dann der andere verschwunden, und i war unter mein Leintüachl total zsammprackt. Wann mi der Kellermaster net mit an 1881er gelabt hätte, ich waß net, ob i net ins Spital hätt müassn.

Nächsten Tag beschwer i mi beim Grafn, sag, daß des kane Tanz san, a zweites Gspenst eisetzn, des was no dazua gewalttätig wird.

Wird der Herr Graf ganz bleich und schwört bei alle seine Ahndln, daß er wirklich kan zweiten Geist augaschiert ghabt hat.

‚Franzl‘, hat er gsagt, ‚das kann nur des echte Schloßgespenst gewesen sein, dem du begegnet bist! Dieses Gespenst kommt ganz selten aus dem tiefen

Keller herauf. Nur wenn es in seiner Ruhe gestört wird. Und wir warn ja wirklich ein bisserl laut!'

I hätts fast glaubt, Herr Richter. Besonders deshalb, weil i ja beim Zruckboxn immer ins Leere troffn hab. Die alten Schlösser bergen eben Geheimnisse, von denen mir Proletn keine Ahnung habn.

Aber drei Tag später hab i vom Kellermaster erfahrn, daß der unheimliche Gevatter niemand anderer als der junge Freund von der Schloßköchin gewesen is! A eifersüchtiger Mensch, der se einbüldt hat, i hab mit sein Madl was, weil i längere Zeit bei ihr in der Küche verweilt hab.

Bled, wia er ist, hat er se vermummt und hat mi bei der Stiagn ohpaßt. Er is ein ausgebildeter Boxer. Der springt so schnell zruck, wann ma auf ihm hinhaut, daß ein Laie unbedingt danebentrifft."

Der Freund der Köchin ist derzeit bei einem Amateurboxmeeting im Ausland. Es mußte ein neuer Verhandlungstermin anberaumt werden.

Radfahrer kontra Fußgänger

Daas es radlfoan
gsund is
glaubi gean
weu do duasd
befuasd nau
graung wiasd
fon an auto
niidagschobn wean.
Ernst Kein

Eifrig klingelnd fährt Herr Josef R. mit seinem Fahrrad die steil abfallende Berggasse hinunter. Fußgänger Walter U. will noch schnell überqueren, wird aber angefahren, und beide kommen zu Sturz.

„Hundianer!" schreit Herr U. „Kannst net aufpassen mit dera Reibn? Des Kreuz hätt i mir brechen könna. Mei Hosn is hin. De brennst jetzt auf der Stell. Sunst passier i di durchs Kanäulgitter!"

„Ane auf de Nasen kannst haben, blinder Aff! Siecht mi kumma und rennt wia a Grazter ume! Dei Tangohosen willst zahlt haben? Den Fetzen ziagt ja net amal mehr a Bettler an. De hat scho an Hosenboden wia a Teeseicherl, und i solls zahlen? Ziag oh, aber schnell, sonst schrauf i dir n Nabel auße!"

Mit diesen Worten bestieg Josef R. wieder sein Fahrrad und wollte weiterfahren. „Was, Fahrerflucht willst machen?" schrie Herr U. und hielt ihn am Gepäckträger zurück. „Des geht net eine bei mir. I will a neuche Hosen, oder i laß dir a Blutprobe ohnehma. Hast eh a Fahne wia a Biertippler!"

„Schleich di jetzt, du Laus, oder i hau dir a Klampfen in Buckl. Da könnens di dann wia an Koffer hamtragen. A Hosen will er habn, der Wurschtl! Bin

140

i dei Firmgöd? Pfingstn is vurbei. Willst net glei no a
Uhr für des, daß d mi gefährdet hast?"

„Holts an Wachmann!" schrie Herr U. den Umste-
henden zu. „Der Verkehrsraudi muaß ohtöt werdn.
Habts de Drohungen ghört von dem Unterweltler?
Na wart, i häng dir an Prozeß an, i laß mi untersu-
chen, mir zahlst no a Renten!"

Der Prozeß fand gegen den Radfahrer wegen Verge-
hens gegen die körperliche Sicherheit statt. „I kann
für den Unfall nix, Herr Rat", beteuerte der Beschul-
digte. „Er is ma mit Absicht ins Radl grennt, damit
er zu aner neuchen Hosen kummt. Anders gibts des
net." Josef R. wurde freigesprochen. „Jetzt klag i mir
de Hosen ein!" kündigte Herr U. an.

Der
Vertrauenstest

*Jeda beruf
hod seine
schotnseitn
desweng is
am bestn
wauma
goa kan hod.*
Ernst Kein

Bezirksrichter zu dem 56jährigen Frührentner Karl
G.: „Sie sind Brandwächter?"
Karl G.: „Ja. Weil jetzt de automatischen Brandmel-
der oft net funktioniert habn, werdn wieder sehr vül
leibhaftige Brandwächter verwendet. Mi hat zum
Beispül a Sägewerksbesitzer angstellt, der was se
ausgrechnt hat, daß i eahm vül weniger kost wia a
automatische Anlage, weil mi braucht er net instal-
liern laßn und i brauch kan Strom. Des bißl Energie,
was i verbrauch, hol i ma aus an Doppelliter Wein
auße. Leider hat der Mann de blede Gwohnheit, daß
er mi in der Nacht kontrolliern kummt, ob i aa wirk-
le aufpaß und net schlaf. Da kummt er und tuat mi
testn, und zwar zündt er irgendwo a Hölzl an, laßts
brenna, und wann i dann hinrenn, kummt er aus
der Finstern vire und sagt: ‚Brav! Des war nur a
Test, ob S net schlafn.'
Neilich wieder. I sitz in der Nacht in mein Kammerl
und les mei Zeidung, siech i draußn a klans Feuerl
brenna. Aha, hab i ma denkt, jetzt tuat er mi wieder
kontrolliern, aber heut net, Freunderl, i bin ja net
dei Foxl, und hab weidaglesn. Des Feuer is dann
greßer wurdn, hab i ma denkt, heut strengt er se an,
daß er mi aus der Hüttn außekriagt, aber i geh nur
auße, wanns wirkle brennt.

I hab dann des elektrische Liacht ohdraht in mein Kammerl, weil der Himmel scho taghell erleuchtet war von de Flammen, und da war i scho leicht verärgert, weil a bißl Vertrauen muaß ma zu an Angestellten habn, für was halt er se  denn an Brandmelder, wann er eahm net vertraut? I bin dann auße und wollt eahm des sagn, is scho de Feuerwehr vurgfahrn, mit a drei oder vier Fahrzeug, mit Trara und Horidoh, es können aa mehr gwest sein, bei an bin i aufs Trittbrettl gstiegn und bin mitgfahrn, mit aner Wut im Bauch, des kann i Ihna sagn, weil so an Test machn, des tuat ma net. Wia i dann hinkumma bin, is er durt, wo früher sei Sägewerk war, auf an ankohltn Scheitl Holz gseßn und hat alle sechs Finger von seine zwa Händ, er war ja Sägewerksarbeiter, bevur er Besitzer wurdn is, anklagend in den Himmel gestreckt. A so a Theatergretl, hab i ma denkt, zündt vierhundert Hektar Gelände an, nur damit er mi testn kann. I bin heut no bes auf eahm, a so a Mensch is imstand und entfacht zu Kontrollzwecken an dritten Weltenbrand, nur damit er mi testn kann."
Der Brandwächter, der ohne Zweifel das Großfeuer verschlafen hatte, wird jetzt gerichtsärztlich auf seinen Geisteszustand untersucht werden.

Glück bei den Frauen

I sog
zu ana kozz
ka wuat
weu i bin
so schee
i brauch
kan schmee.
Ernst Kein

Bei einem Heurigen in Sievering saßen zwei Gesellschaften. An verschiedenen Tischen. Auf beiden Seiten ging es hoch her. Eine Partie aber war eindeutig im Hintertreffen, weil keine Frauen dabei waren, während die andere Gesellschaft sogar über einen „Überschuß" verfügte.

„Des Leben is ungerecht!" rief Herr Georg F. am frauenlosen Tisch. „Da haßts allerweil Wein, Weib und Gesang. Mir können nur singa und saufen. Am Nebentisch könnens zwar net singa, dafür habns a paar gsunde Katzn mit!"

„Kumm her!" rief Herr Ulrich D. vom anderen Tisch zurück. „I zag dir meine Anerkennungsschreiben, damit du waßt, warum i mit zwa Madln da bin. A Jass muaß ma sein, aber net auf der Geigen, verstehst du des?"

„Pack ein, pack ein!" rief Georg F. etwas gereizt zurück. „Wahrscheinlich bist a Kren, daß de Weiber auf di fliagn. Hoffentlich hast heut ka Pech. Sonst kannst dir ins Tagebuch schreiben: Sievering, außer Spesen nix gewesen."

„I schreib glei dir was ins Stammbuch, bleder Hund!" kam es vom Herrn Ulrich zurück. „Deine Späße werdn scho a bisserl stark! Mach a Antabuskur, wannst ka Wein vertragst, du Hierbleiber!"

144

„Auf des auffe is
anganga", sagte ein
als Zeuge geladener
Heurigenmusikant
vor dem Bezirks-
richter aus. „Der
ane Herr is mit an
Hechtsprung über
die Bank, und hat
den anderen Herrn
bein Hals packt.
I hab gschwind:

,Fesch und resch, so san mir...' gspült, damit de
andern Gäst nix bemerken, aber es hat nix gnutzt.
De zwa Begleiterinnen von den an Herrn habn se
dreingmischt, und habn den andern mit den Wein-
krügln aufn Schädl ghaut. Zum Schluß hat des hal-
be Lokal graft. De andere Hälfte is ohne zahln
ohgrissn. Der Chef hat an immensen Schadn ghabt."
Die beiden Herren versöhnten sich vor Gericht und
übernahmen je zur Hälfte die Verhandlungskosten.
„Schad um de Maß", sagte der eine. „Dafür hätt ma
se wieder so an netten Abend leisten können."

Hochspannung im Aufzug

Wos glaums
wia i mi
eagan dua
wauni mi
eagan mecht
und find kan
grund dazua.
Ernst Kein

„Unlängst warn ma zu dritt in an Aufzug", berichte-
te der 42jährige Adolf S. dem Bezirksrichter. „Und
zwar in an Hotel. Mei Frau, i und a fremder Herr
mit zwa Koffer.

,Wiaso fahr ma net', hat mei Frau gfragt.

,Weil ma zu schwer san', hab i gsagt. ,Wann der Auf-
zug überlastet is, geht er net.'

,Der Aufzug is für vier Personen', hat der Herr mit
de Koffer gsagt.

,Ja, aber ohne Koffer', hab i gsagt. ,Ihna Gepäck is
zu schwer.'

,Mir is mei Gepäck net zu schwer', hat der Herr
gsagt. ,Wann Se net da warn, fahrert i scho lang.'

,Mir san aber da', hab i gsagt. ,Se sehn ja, daß ma da
san. Steign S aus, und de Gschicht hat se.'

,Da war i schen bled', hat der Herr mit de Koffer
gsagt. ,I steig aus und laß Ihna meine Koffer da. De
gnä Frau könnt aussteign. De wägt mehr wia meine
Koffer. Der gnä Frau tät des Stiagnsteign ganz guat.'

,De gnä Frau bleibt herin', hat mei Frau gsagt. ,Um
des, was mir guat tuat, brauchn Se Ihna net küm-
mern. Mir san da in an Personenlift und in kan
Gepäcksaufzug.'

,Alsdann, i hab Zeit', hat der Herr mit de Koffer
gsagt, und hat se a dicke Zigarrn anzundn. ,I hab

146

Zeit. Des Rauchen is da net verboten. Se habn ja nix dagegn, wann i rauch.' ‚Uns räuchern Se net aus', hat mei Frau gsagt. ‚Mir habn nämlich a Trafik. Geh, Dolferl, gimma  a Zigarettn und rauch dir dann dei Pfeifn an.' ‚Guat', hab i gsagt, hab meiner Frau a Zigarettn gebn und hab ma mein Tschibuk gstopft. ‚A Pfeiferl rauch i in Ruhe. Nachher wirds ernst. I hab nämlich da a Zimmer gmietet und kan Aufzug. Nach der Pfeifn werd i da herin Platz machn.'

‚Des is gscheit', hat der Herr gsagt und hat se auf an Koffer gsetzt. ‚Wann Se dann aussteign, samma um achtzg Kilo leichter. Dann fahr ma. De gnä Frau, meine Koffer und i.'

A Weil war a Ruah. Aber de Spannung hat se vergrößert. Mir habn alle drei immer hastiger graucht, de Nervosität ist gstiegn, der Rauch war zum Schneidn.

‚So', hab i gsagt und hab mein letzten Zug aus der Pfeifn gemacht. ‚So', hat mei Frau gsagt und hat ihrn drittn Tschik austretn.

‚So, so', hat der Herr auf sein Koffer gsagt und war mit seiner Zigarrn ebenfalls fertig."

Bezirksrichter: „Machen Sie es nicht so spannend! Was war dann?"

Herr S.: „Dann samma gfahrn. Mei Frau, i, und der Herr mitsamt seine Koffer. Anscheinend hat des bißl

Gwicht, was de Zigarettn, de Zigarrn und mei Tabak ghabt habn, den Ausschlag gebn. Wia des verpufft war, samma mitanander in vierten Stock gfahrn."

Im vierten Stock gab es Streit mit einem Hotelgast, der seit einer Viertelstunde mit dem Aufzug hinunter wollte. Gegen die gemeinsame Aussage von Herrn und Frau S. und dem Herrn mit den Koffern kam der Gast mit seiner Ehrenbeleidigungsklage nicht durch.

Waumma
si amoe
söwa kend
mei liawa hea
daun hod ma
aa ka guade
manung
fon di aundan mea.
      Ernst Kein

Dunkle Machenschaften

„De Kirchndiab gengan umadum", sagte der Pensionist Franz U. zum Bezirksrichter. „Nix is vur eahna sicher, ka Kerznleuchter, ka Altardeckn, ka Muttergottesbild. I hab an Bekannten, den sei Frau, die Marie, is durch innige Gebete geheilt worden, und da hat er als Dank dafür a Bild von seiner Frau in aner Kapelln aufgstellt, und sogar des Marienbild is gstohln wurdn, weil der Rahmen so schön war. Aus den Grund paß i sehr auf, wann i in aner Kirchn bin, und wann i in der Andacht de Augen niederschlag, laß i immer a Aug halbert offn, damit i siech, was se tuat, und ob net so a Gauner mei Versunkenheit ausnutzn wüll.

Neilich aa. I knia in an Gotteshaus, des was von Haus aus sehr dunkl is, siech i, wia se aner zu an Seitenaltar zuweschleicht, der was ganz in der Finstern glegn is, und wo auf an Podest a heiliger Antonius steht. Nachdem i zufällig waß, daß der Antonius scho sehr alt is, er muaß ungefähr mei Jahrgang sei, weil i eahm scho als Kind kennt hab, damals war der no neich, hab i natürle besonders aufpaßt, was der Verdächtige bei dera Statue wüll, und akkurat hab i gsehn, daß der Mann mit aner Unverfrorenheit sondergleichen den mannsgroßen Antonius von sein Sockl hebt. Wahrscheinle hat er glaubt, de

150

Kirchn is leer,
weil außer mir
und eahm niemand
drinn war, und
selber zählt er
se net.
Nachdem i scho in
meiner Jugend a
Rafer war und von
mir a heut no a
jeder ane gschmiert
kriagn kann, der

was drum bedlt, hab i mi an de Antoniusnischn her-
angepirscht und hab ohne vül zfragn den Fremdn
glei mit der Faust ane prackt. Er hat auweh gschrian
und hat se duckt, wobei er se teilweise hinter den
ohmontiertn Antonius versteckt hat. I hab a zweits-
mal hinghaut, i streits net oh, weil lüagn derf ma
net, da schimpft der Herr Pfarrer, und nachdem se
der Verdächtige scho ganz hintern Antonius ver-
kräult ghabt hat, hab i versehentlich den hölzernen
Heiligen in sei gütiges Gsicht ghaut, des is des, was
mi am meisten schmerzt. Mi schmerzt aa no de
Hand, weil der Kopf is aus Hartholz, da is ka Pol-
sterl drauf wia bei an Watschnmann. Daß i mi
bezüglich der Person geirrt hab, und an Unschuldi-
gen für an Diab ghaltn hab, schmerzt mich eben-
falls. Aber des is der Schmerz, der mi am wenigsten
schmerzt."
Der Kläger, ein Anstreichermeister („Der Antonius
is frisch lackiert wurdn!"), zog seine Klage zurück.

Bettler im Palais

Bei einer Witwe, die am Kärntner Ring in einem Palais eine Wohnung mit sieben Zimmern besitzt, läutete die Türglocke. Draußen stand ein Bettler, der jede Woche um ein Almosen vorsprach.

„Sie wissen doch, daß Sie nur Freitag von mir beteilt werden", sagte die Frau ungehalten. „Wieso kommen Sie heute, an einem Mittwoch?"

„Heit kumm i privat, gnä Frau", sagte der Bettler. „Sie habn heut a Zimmer in der Zeidung, des mecht i ma gern anschaun. I brauch nämlich dringend a Unterkunft, und da hab i glei an Sie gedacht."

„Sie meinen doch nicht im Ernst, daß Sie mein Untermieter werden wollen?" fragte die alte Dame entsetzt. „Das Zimmer kostet 3000 Schilling im Monat!"

„Waß i, waß i", meinte der Bettler. „I nehmerts trotzdem, wanns jetzt im Winter warm ghazt is. I suach scho lang ein Zimmer in zentraler Lage, nachdem i ja nur im ersten und dritten Bezirk meine milden Gaben einsammeln geh. Für Sie wärs nur a Vurtäu, wann i einziag; Sie brauchatn ma nix mehr gebn."

„Das kann doch nicht Ihr Ernst sein", rief die Witwe aus. „Sie leben vom Betteln und wollen 3000 Schilling Miete zahlen!"

„Wolln tua i net", meinte der Bettler. „Aber unter dem Preis kriagt ma ja nix Anständiges. Also, was is jetzt, Frauerl? Zeign S mir jetzt des Zimmer oder

152

wolln S mi no a
Stund wia an Bett-
ler am Gang stehn
lassn?"
„Verschwinden Sie
und kommen Sie
mir nie wieder
unter die Augen",
rief die erzürnte
Wohnungsinhabe-
rin. „Entweder Sie
sind betrunken

oder Sie wollen in meiner Wohnung eine Gelegen-
heit zum Diebstahl auskundschaften! Hinweg mit
Ihnen!"
„Steck dir des Kabinett aufn Huat, alte Schaluppn!"
schimpfte der Mann nach einer kurzen Debatte und
entfernte sich. Im Weggehen wurde er von einem
telefonisch verständigten Polizisten festgenommen.
„Der Teifl muaß mi gritten habn, daß i zu dera Narri-
schn ganga bin", jammerte der Beschuldigte vor
Gericht. „De Frau büldt se ein, a Bedla muaß unbe-
dingt unter der Bruckn schlafn. Wanns mi in de
Wohnung gnumma hätt, hätt i sie vielleicht sogar
gheirat!"
Der Mann wurde freigesprochen, weil das Wort „alte
Schaluppen" von keinem Dritten gehört worden
war.

153

Ein Gesunder im Krankenhaus

*Gsund bleim
sogt zwoa oft
ana zu mia
owa kana
sogt ma wia.*

Ernst Kein

In der Ambulanz eines Krankenhauses erschien der 59jährige Theo P. und sagte zu dem weißgekleideten Bediensteten, der an einem Schreibtisch saß: „Kann i ma bei Ihna a Gesundenuntersuchung machn laßn?"

„Glaub i net", erwiderte der Gefragte. „Weil mir sind ein Krankenhaus. Des is eigentlich für Kranke gebaut. In einem Krankenhaus gibt's nur Kranke."

„San Se krank?" fragte Herr P. „Na alsdann. Se san ja aa da. In der Zeidung steht, ma kann die Gesundenuntersuchung auch in einem Krankenhaus machen laßn."

„Streitn werd i net mit Ihna", entgegnete der Spitalsbedienstete. „Se müaßn auf jedn Fall a Formular ausfülln."

„Gebn S ma ans", forderte Herr P.

„Bitte", erwiderte der Bedienstete und überreichte ein Formular.

Herr P. zog sich in eine Ecke zu einem kleinen Tisch zurück, setzte seine Brille auf und begann das Formular auszufüllen. Nach einer Weile sagte er: „Wiaso muaß i da eineschreibn, ob i an Feuerwehrhelm z Haus hab?"

„Des waß i net", erwiderte der Gefragte. „De Fragn san vom Ministerium ausgearbeitet. Es herrscht auf jedn Fall absolute Geheimhaltung."

„I hab aber kan Helm", sagte Herr P.

154

„Dann schreibn S eine: kein Helm", sagte der Bedienstete. „Aber bleibn S bei der Wahrheit! Des wird alls überprüft."

„Da steht aa, ob i schwindelfrei bin", meinte Herr P. „Des is schwer zu beantworten. Wann i wo obn steh, bin i schwindlfrei. Aber wann i unt steh und auffeschau, wia i schwindlig. Is des normal?"

„Ich bin kein Arzt", erwiderte der Bedienstete. „Wann S schwindlich werdn, san S net schwindlfrei. Schreibn S es eine."

„Auf einer Later bin i schwindelfrei", sagte Herr P.

„Des is ja egal", sagte der Bedienstete. „Glauben S, der Herr Dokta wird Ihna auf aner Later untersuchn?"

„Die Frage lautet, ob i auf aner Later schwindelfrei bin!" rief Herr P.

„Dann schreibn S eine, daß S unt schwindlich werdn", rief der Bedienstete. „Schwindeln S net!"

„I schwindl net!" brüllte Herr P. „Aber wann i a Later siech, wia i schwindlig!"

„Dann san S krank", sagte der Bedienstete. „Als Kranker habn S bei der Gesundenuntersuchung nix verlurn. Wahrscheinle habn S sogar an Helm daham!"

„De Debatte war zu Ende, wia de Schwester kumma is", sagte Herr P. vor Gericht. „Es hat sich herausgestellt, daß der Mann am Schreibtisch a medizinisches Nullerl ausn Hazhaus war, und daß er ma a

Formular zur Aufnahme in de freiwüllige Feuer-
wehr gebn hat, was zufällig auf dem Schreibtisch
gelegen is. Der Mann is selber schwindlich. I verlang
a Entschuldigung, die was meiner Krankenge-
schichte nach erfolgter Gesundenuntersuchung bei-
gelegt wird."
Der Heizungsmonteur ließ sich wegen Krankheit
entschuldigen und gab eine schriftliche Ehrener-
klärung ab.
„I hab wirkli kan Helm", sagte Herr P. zum Bezirks-
richter.

Sezns ina niida
wauni ina
fo meine
graungheidn dazö
weu so laung
kenans beschdimt
ned schdee.
> *Ernst Kein*

Sterbender Schwan

Taunzn kenans
bei uns scho
wauns woen
oba ans
sog i ina glei:
nua ned aus da rei.
                    Ernst Kein

Die 78jährige Elvira N., ehemals Mitglied des Wiener Staatsopernballetts, berichtete als Zeugin: „Ich habe noch nie einen Mann mit solcher Hingabe und solcher Stärke des Ausdrucks tanzen gesehen!

Es war an einem Samstag, als zwei Männer an meinem Garten vorbeikamen und mich fragten, ob ich für sie irgendeine Gelegenheitsarbeit hätte.

Ich bot ihnen, gegen ein Entgelt von hundert Schilling, das Reinigen meines großen Wohnzimmerteppichs an. Die Männer sagten erfreut zu und begaben sich mit dem Teppich zu der Klopfstange hinter meinem Hause, von wo ich alsbald das muntere Geräusch des Teppichklopfers vernahm.

Plötzlich trat Stille ein; ich blickte aus meinem Fenster und gewahrte ein Bild, das ich nie vergessen werde.

Einer der Männer, der jüngere, schlanke, hatte eben auf dem Rasen zu tanzen begonnen. Es war ein Tanz, wie ihn nur wirklich große Künstler vollführen können. Es war eine Version des ‚Sterbenden Schwans‘, in männlicher Darbietung. In der Art, wie der junge Mensch seinen Körper bewegte, wie er sich bog und drehte, wie er zu Boden ging und wieder emporschnellte, drückte sich höchste Begabung aus. Tiefes Leid, größter Schmerz, durchdrungen von der Sehnsucht, daß seine Pein irgendwann zu

158

Ende gehen werde, all das war in dem Solotanz dieses Menschen derart manifestiert, daß mir, die ich einst selbst vor gekrönten Häuptern tanzte, die Tränen in die Augen traten. Ich eilte aus dem

Haus, um den Fremden zu fragen, wer er sei, wo er die göttliche Gabe des Tanzes so vervollkommnet habe – und in diesem Augenblick brach der Mann seinen Tanz unvermittelt ab, stürzte sich auf seinen Gefährten und verabreichte diesem eine überaus mächtige Ohrfeige!"

„I hab mei Lebtag nie tanzn glernt", sagte der 28jährige Franz Z. zum Bezirksrichter. „Der Schurl hat mitn Teppichpracker danebnghaut und hat mi so stark an aner empfindlichen Stell troffn, daß i glaubt hab, i wia a Narr. In mein fürchterlichen Schmerz bin i halt a bißl am Rasn umadumghupft." Wegen der Ohrfeige wurde ein Freispruch gefällt.

Der schwimmende Hut

I hea nix
i ria mi need
i hüf kan
do kaun wea
nau so schrein
weu sunst hed
womegli i no
scheararein.
Ernst Kein

„I hab an Würschtlstand bei an Badeteich", berichtete der 56jährige Franz L. dem Bezirksrichter. „A Boot hab i aa, mit dem ruader i manchmal auße, wann i mi erholn wüll.

Neilich steh i in mein Würschtlstand, bin eh angfreßn, weil de Saison so schlecht war, kummt aner dahergrennt und sagt: ‚Herr Scheff, ruadern S auße! Am Wasser schwimmt a Huat!'

Sag i: ‚Wegn an Huat ruader i net auße. I hab Hüat gnua.'

Mant er: ‚Vielleicht ghört er an Lebensmüden!'

Sag i: ‚Bei uns kann kaner dersaufn, dazu samma zu seicht.'

Mant er: ‚Aber es kann doch aner ins Wasser gfalln sein!'

Sag i zu eahm: ‚Gehn S, kräuln S ma obe, Se Angstmeier. Was glaubn S, was da alles auf den Teich umadumschwimmt. Schwabts an Tschik zuwe, müaßt i außeruadern, weil vielleicht a Raucher einegfalln is. Treibts a Bleamerl zuwe, müaßt i auße, weils vielleicht a Selbstmörder in Knopfloch ghabt hat. Schwimmt a Papierl draußt, müaßt i auße, weil vielleicht aner mitn nackertn Hintern einegrutscht is. Da lebert i ja nur am Wasser, wann i dauernd

160

nachschaun
fahrert. Bei
uns san no nie
Unfälle passiert.
Gengan S ham,
und machn S ma
net de Leit
scheich.'
Drauf geht
der Herr furt,
kummt glei
wieder zruck

und sagt: ‚Kann ma bei Ihna a Flaschl Bier habn?'
‚Ja', sag i. ‚Was wolln S denn für ans?'
Mant er: ‚Für mi is net. Serviern Se aa zum Wasser
auße?'
Sag i: ‚Naa. Wer a Bier wüll, muaß scho herkumma.'
Mant der Herr: ‚I bin no net sicher, ob er herkummt.'
Sag i: ‚Was is des für a blede Rederei?'
Mant der Herr: ‚Ja, wißn S, da steht aner hinter
Ihnerer Hüttn mitn Mantl in Wasser und winkt
allerweil. I tät ja glaubn, daß er einegfalln is. Aber
wann Se sagn, daß bei Ihna kane Unfälle gibt, kann
des nur aner sein, der was a Flaschl Bier wüll!'
Drauf bin i auße, aber bevur i den Verunglückten
gholfn hab, hab i den Goschertn ane aufglegt. Weil
auf so blede Witz bin i nix haß, überhaupt wann de
Saison so schlecht is."
Ein Spaziergänger war auf der Böschung ausge-
rutscht und ins Wasser gefallen. Der Würstelmann
wurde wegen Mißhandlung des „Goscherten" zu
einer Geldstrafe verurteilt.

Ein Tierfreund

„De Gschicht war a so", berichtete Herr B. „I bin bei unserm Wirtn im Schanigartn gsessn und hab a Viertl Wein trunkn. Auf amal hab i nebn mir a starkes Summen ghört.

Wia i schau, siech i, daß se beim Oleanderbam a große Fliagn in an Spinnennetz verfangt hat. Des Viecherl hat gstrampft und gsteßn und hat mit de Füaß umadumghaut, aber es hat se dadurch immer mehr in de pickertn Fädn verwicklt.

De schiache Spinnerin hat scho im Hintergrund glauert und hat mit de Vurderfüaß amal den und amal am andern Fadn gspannt, nur damits de arme Fliagn recht fest einschnürn kann. Ma hat direkt gsehn, mit was für an lüsternen Blick de Spinnerin auf de fette Fleischfliagn gschaut hat.

Wia de Fliagn dann scho wia a Rollschinken eingwicklt war und nur mehr des Köpferl aussegschaut hat, da hats ma so derbarmt, daß is schnell mit an Zahnstocher ausn Netz befreit hab. Es war a Hülf in letzter Minutn. De Spinnerin war scho ganz nah, vur lauter Wut hätt sa se am liabstn in den Zahnstocher verbissn.

I hab de arme Fliagn auf a Biertatzerl glegt, habs a bisserl gereinigt und wollts liegn lassn, bis se von selber wegfliagn kann.

Auf amal siech i de Spinnerin vur meine Augn! Sie

hat se von hoch obn, von an Oleanderzweig anan langen Fadn obelassn. Wia a Bergsteiger in der Eiger-Nordwand, ma könnt aa sagn, wia von an Hubschrauber, hat sa se an dem Fadn zum Tisch

obelassen, direkt auf de arme Fliagn zua. Jetzt hab i an Zurn kriagt und hab de Spinnerin mit aner heftign Handbewegung weggwischt. Leider hab i übersehn, daß grad der Kellner mit an volln Tablett vurbeiganga is. I hab eahm dadurch des Tablett mit acht Viertln Wein, an Krügl Bier und an Kracherl auf d Erd ghaut. Jetzt sagn S mir, Herr Rat: Muaß i des wirkle alls zahln, wo i do nur aus reiner Tierliebe so ungeschickt war? I wollt doch nur eine Naturtragödie verhindern!"
Der Zivilrichter riet Herrn B., die Forderung anzuerkennen.

Total biologisch

Daas ma
di umwöd
schüzn muas
des sich i ei
owa i muas
dabei jo ned
da easchte sei.

Ernst Kein

Debatte auf einem Gemüsemarkt. Ein Herr zu einer Standlerin: „Sagn S, san Ihnere Viktualien biologisch?"

Die Händlerin: „Obs was san, der Herr?"

„Biologisch aufzogn! Naturrein gezüchtet, ohne Kunstdünger, und auf kan Fall gspritzt!"

Die Händlerin: „Se! Was derzähln S ma denn da? Se san, mir scheint, selber gspritzt!"

Der Herr: „De urwüchsige Bemerkung wüll i überhört habn. Aber Se habn anscheinend ka Ahnung von an biologischen Greanzeig, sunst tätn S net so dalkert daherredn. Die naturreine Nahrung wird aufzogn wia a Bruatkastenkind! Alle schädlichen Einflüsse werden ferngehalten, insbesondere alle Chemikalien, de was in furcht- und krebserregender Weise unseren Körper vergiften. Bei aner biologischen Aufzucht gibts ka erbkranke Raupn und kan angsandelten Regenwurm. Was a Bio-Bauer is, laßt net amal a Regnwasser auf de Pflanzn kumma, weil auch de Atmosphäre heutzutage scho verseucht is. Der giaßt mit aqua destillata. Da steigt er lieber auf a Later, und schütt de Apferln untern Regenschirm mitn Giaßamper an, bevor er so a Wolkenjauche auf de kostbaren Früchte läßt. Und net nur das, mei liebe Frau. Diese sterile Nahrung wird auch in vor-

164

sichtiger Weise eingebracht. Da wird a jeder Handgriff mit Liebe durchgeführt. Wer ein biologisches Feld besucht, während der Ernte, glaubt, er is im Garten Eden. Schon bei der Zufahrt steht am

Wege ein fröhliches Büblein und winkt, wobei manche glaubn, er winkt in Vattern, damit er waß, daß a Biofanatiker kummt, und in Traktor gschwind ohstellt. Weil was nutzt ma a keimfrei gezogenes Krauthappel, wanns dann mitn Dieselqualm eingräuchert wird.

Und das äußere Zeichen einer biologischen Nahrung is, daß de Früchte alle a bisserl klaner und farbloser san. Des macht de natürliche Aufzucht, weil der Kunstdünger blaht auf. Drum hab i glaubt, daß Se da mit aner biologischen War handeln, weil Ihnere Karotten so blaßrosa san, und net länger san wia a Buamazumpferl. Was wolln S denn von mir? Was gengan S denn jetzt auf mi los?"

„De Standlerin hat mi mit aner ordinären riesig langen Gurken mehrmals aufn Schädl ghaut", berichtete Herr N. dem Bezirksrichter. „I hab an Dippl aufgrissn, größer wie a Bioparadeiser!"

Die Händlerin war nicht erschienen. Herr N. zog seine Klage zurück.

Nachtasyl

Entsetzensschreie einer Hausfrau. „Mir habn an Löwn im Keller!" rief sie um fünf Uhr früh dem Hausbesorger zu. „Er liegt in der Finstern und is mit aner Kettn anan Wassermesser anbundn! Beim Kohlnholn hab i eahm gsehn! Mit der Taschnlampn hab i eahm angleucht, und da hat ers Mäu aufgrißn und hat ,Uaaa' gmacht!"

„Se tramen wohl no, was?" krächzte der Hauswart, der aus seinem besten Schlaf gerissen worden war. „An Löwn werma im Haus habn, no dazua an anghängtn! Habn S wahrscheinle an Binkl Fetzn oder a Kokssackl für a Raubtier angschaut! I geh obe. Aber wann durt ka Löwe ist, derlebns was!"

Es war wirklich ein Löwe im Keller. Ein Pracht-Exemplar mit langer Mähne empfing den Hausbesorger mit majestätischem Brüllen, so daß dieser schleunigst die Flucht ergriff.

„Was hätt i denn machn solln?" sagte der Fernlastfahrer Franz P. zum Bezirksrichter. „I kumm mit mein Fünftonna von Münchn übers deitsche Eck nach Salzburg, steht durt a Wanderzirkus mit an Achsbruch. Der Direkta, ganz verzweifelt, raunzt mi an: ,Nehman S ma den Löwn mit nach Wean! D andern Viecher hat scho a Möblwagn mitgnumma!'

166

I frag: ‚Beißt er?'
Sagt der Direkta:
‚Mit was? Der hat
doch kane Zähnd
mehr. Außerdem is
er zahm wia a
Schildkrot. Den
können S mit de
Fäust in Bauch
haun, rührt er
se net!'
Da Direkta hat ma

zwa Tausender Schmattes gebn. So hamma den
Löwn mitgnumma. De ganze Fahrt hat se mei Bei-
fahrer mit eahm gspült, des Viech war zutraulich
wia a Hauskatz.
Mir san leider a bisserl verspätet nach Wean kum-
ma. In den Viecherasyl, wo i den Löwn hätt ohliefern
solln, war ka Mensch mehr da. Hätt i mit eahm de
ganze Nacht spazierngehn solln?
So hab i eahm halt zu uns in Kölla gführt. I hab
eahm anghängt, hab eahm fünf Burnwürscht und
drei Brot hinglegt (ka Scherzl, des hätt er net beißn
könna) und bin schlafn ganga. Wer rechnet denn
damit, daß a Frau scho um fünfe in der Fruah in
Kölla umadumkramt. Um halba sechse war er weg
gwest."
Der Fernlastfahrer wurde wegen Gefährdung der
körperlichen Sicherheit zu zweitausend Schilling
Geldstrafe verurteilt. „I nimms an", meinte er. „Hab
i halt den Löwn umasunst obegführt."

Glücklicher Gewinner

> *Maunche*
> *san so*
> *benedrant*
> *daas ma mand*
> *si miassn si*
> *scho söwa*
> *auf die neafn gee.*
> *Ernst Kein*

In einem Kaffeehaus trat der Buchhalter Stefan R. an den Tisch des Pensionisten Werner H. und sagte leise: „Gratulier Ihna, Herr H., zu Ihnern Gewinn in der Klassnlotterie! Wanns auch nur a Achtl war, a klaner Riß is doch. Gratuliere herzlichst!"

„Was plaudern S da?" fragte der Pensionist unfreundlich, weil er an jenem Nachmittag nicht besonders gut gelaunt war. „Wer sagt Ihna denn, daß i was gwunna hab? Schen wars, liaber Herr, aber spüln tans es net."

„Versteh, versteh", fuhr der Buchhalter flüsternd fort. „Se wollns geheimhaltn, weil sunst a Schippl Schnorrer dahergrennt kummatn. Aber i pump Ihna net an und i sags aa net weiter. Aber ohstreitn können S es mir gegenüber net, Herr H.! In der Zeitung is gstandn, a Achtl vom Haupttreffer is auf an armen Pensionisten gfalln. Da hab i glei auf Ihna denkt, und i hab Ihna a paar Tag lang beobachtet. Seit der Ziehung trinkn S statt an klan Schwarzn a große Schaln Mülchkaffee und essn a Brioschkipferl dazua. Und da wolln S ohstreitn, daß was gwunna habn?"

„Jetzt fahrn S aber gschwind oh, Se znepfter Scherlak Hojmes!", brauste Herr H. auf. „Wolln S ma vielleicht gar scho in Schlund schaun? Glaubn Se, i

168

muaß an Haupt-
treffer machn, wann
i ma a notichs
Kipferl kaufn wüll?
Gengan S ma aus
de Augn, Se Aas-
geier. Se habn mi
nur angredt, weil S
glaubt habn, i gib
Ihna a Darlehen
von mein Haupt-
treffer!"

„Der Aasgeier war ma zuvül", sagte der Buchhalter
zum Bezirksrichter. „I hab sofort in Ober gruafn, da-
mit er des Schimpfwort auf sein Kassablock notiert.
Gebn S den Menschn a saftiche Geldstraf, Herr
Richter! Mit sein Haupttreffer kann er de leicht
zahln!"
Herr H. wurde freigesprochen, weil er sich in großer
Erregung befand, als ihm der „Aasgeier" entschlüpf-
te. Gewonnen hat Herr H. übrigens wirklich nichts.

Wauma nimmt
wia oft i fria
gsogt hob
schdeads mi ned
und heite
waari froo
waun mi no ana
schdean ded.
Ernst Kein

Buntes
Herbstblatt

I glaub
de schdrossnkeara
haum nua desweng
des oaransche
gwandl au
damids da
owaschdrossnkeara
im wiatshaus
leichta findn kau.

Ernst Kein

Mißmutig beobachtete ein Straßenkehrer einen Mann, der in einem Park vor einem Baum stand und in dem dort aufgeschichteten Laub wühlte. Endlich fragte er: „Suachn S was? Habn S was verlurn?"

„Verlurn hab i nix", entgegnete der Mann. „I suach nur ein schönes großes Herbstblatt mit schene Farbn und an schenan Muster. I brauchs für mein Buam. Der muaß für de Schul a Wasserfarbnbüldl machn."

„Herr! Se können mir net den Haufn ausanandareißn!" sagte der Straßenkehrer. „Nehmen S Ihna ans von da! Da im Gras liegn genug Blattln umadum!"

„Lauter farblose", meinte der Vater des Buben und wühlte weiter. „Habn Sie ka künstlerisches Verständnis? So was kann ma do net malna. I brauch a gut erhaltenes Exemplar!"

„Äusdann, jetzt hörn S safurt auf und lassn den Haufn in Ruah!" rief der Straßenkehrer. „Se grabn da umadum wia a Maulwurf! Wegn Ihna werd i vielleicht no amal zsammrechna!"

„Aah! Da hamma scho was!" sagte der Suchende und holte aus der Tiefe des Haufens einige Blätter her-

170

vor. „I hab glei gwußt: untn liegn de schenstn. Jetzt suach i mir noch zwa oder drei zur Auswahl aus, und dann bin i furt."

„Er is lang net furtganga", berichtete ein Zeuge. „Dann is er nämle

erscht draufkumma, daß ganz untn de buntn Kastanienblattln liegn. Na, der von der Gemeinde hat no a Wäu zuagschaut. Dann hat er den Herrn mitn Rechnstiel übern Hintern ghaut."

„An Stubsa hab i den Mann gebn", verteidigte sich der Straßenkehrer. „I kann doch net zualassn, wia a Narrischa mei Arbeit zunichte macht. Stundnlang racker i mi oh, putz de Blattln weg, und dann war alles für Arm und Friedrich! I wia ja aus Steiagöd zahlt!"

„De Sache is verziehn und vergessn", renkte der Kläger ein. „Trotz Ihnern Stessa hab i zwa wunderschöne Blattln hamtragn, und mei Bua hat für sei Aquaröh an Ansa kriagt. Bitte, i hab ihm etwas geholfn, so a Bua hat ja doch de Komposition no net so heraust!"

Es kam ein Vergleich zustande.

Fremde in der Nacht

*Es essn
in di wiatsheisa
is ja ned
besondas heit
owa de glosete
san dafia so schee
daas ma si aufs
gengdeu gfreit.*
Ernst Kein

„I sag allerweil, die spätn Gäst san nix wert", seufzte der Gastwirt Johann Z. vor Gericht. „Damals wars scho zwölfe vurbei, kurz vur der Sperrstund, auf amal kumman acht Leut, sechs Männer und zwa Weiber, in mei Lokal.

De Männer habn se jeder a Viertl Apflsaft, de Frauen jede a Achtl bestellt und dann habns no was zum Essn wolln. Eigentlich war ja de Kuchl scho lang vurbei. Aber damit ma des guate Geschäft net entgeht, hab i no gschwind acht große, schene Schnitzln außebochn. De Partie hat gfressn wia de Firmling. Nachher hat jeder no an großn Kaffee und a Betthupferl bestellt.

Grad wia i bei der Schank steh und dera Gesellschaft de Rechnung mach, wirds auf amal in ganzn Lokal finster. Und in den Moment, wias Liacht ausganga is, san de Leut aufgsprunga und bei der Tür außebuhrt!

Mei Frau is zwar glei mit aner brennatn Kerzn aus der Kuchl kumma und hat gruafn: Leitln, bleibts do da! Bleibts do da! Aber es war scho zspät. I selber hab aa gar net so schnell von der Schank vierekumma könna. Wia i auf der Gassn war, hab i grad no zwa Auto ohne Liachter furtfahrn gsehn. Alle sans

172

mir davon! Bis auf
an! Bis auf den
Bersch, der was
heit da aufn Bankl
sitzt! Den hab i auf
unserer Toilett
derwischt, grad
dort, wo das Kastl
mit de Sicherungen
is. Der hat ma de
Sicherungen außé-
draht, der hat den

Gsindl de Rutschn gmacht, der hat in der Finstern
nimmer außegfundn, der wird ma de ganze Zech
zahln!"

„Der wird gar nix zahln!" äffte der Angeklagte den
Gastwirt nach. „Se werdn zahln, weil Sie hamma am
Häusl zwa Watschn gebn! Dabei hab i mit der Ange-
legenheit überhaupt nix ztuan! I kenn de andern gar
net! I bin nur zufällig mit de Leut in Ihner hinichs
Lokäu kumma!"

„Haben Sie gesehen, wie der Beschuldigte die Siche-
rungen herausdrehte?" fragte der Richter den Gast-
wirt. Der Wirt mußte verneinen. Er hatte den Ange-
klagten auch nicht im Gespräch mit den Zechprel-
lern gesehen.

So wurde mangels an Beweisen ein Freispruch
gefällt.

„Justizirrtum!" rief der Gastwirt. „Der Mensch war
ganz sicher mit de andern in Bandl!"

Der Freigesprochene zeigte dem Wirt heimlich eine
lange Nase und verließ eilig den Gerichtssaal.

Unachtsame Fußgänger

Sunst neman
de autofoara
ned a bissl
rüksichd
auf uns
fuasgenga
owa zum iwafiadwean
sama eana guad.
                    Ernst Kein

Herr Alois T. hatte eben die Triester Straße in Graz überquert, als er erschreckt zusammenfuhr; ein Lastwagen war knapp neben ihm zum Stehen gekommen, aus dem Führerhaus prasselte eine Schimpfkanonade auf den Fußgänger.

„Roßknödl, teppats!" schrie der Fahrer. „Kräult da über de Straßn wia a Weinbergschneckn und lest dabei no in der Zeitung! Bist lebensüberdrüssig? Dann happ in de Mur oder geh ume zum Ranschierbahnhof und leg de aufs Gleis!"

„Gauner!" schreit Herr T. zurück. „Siehst net den Zebrastrafn? Glaubst, der is für de Kinder zum Templhupfn gmalt wordn? Aufn Zebrastrafn is mei Rayon. Da kann i Zeitung lesn, solang i wüll, da kann i ma de Schuachbandln auswechseln, wanns mi gfreut. Für di haßts wartn, verstehst! A Wurt no, und i hol di auße aus der Kabin und flaschn di oh, daß glaubst, du bist in an Betonmischer einegfalln."

Fahrer Anton K. war eine Weile sprachlos, weil er doch 110 Kilo wiegt, Herr T. aber höchstens die Hälfte an Gewicht hat.

„Du Stehaufmanderl!" sagte er dann. „Du hinicher Buttnzwerg. Du Gablbissn. Du Spenadler. Du traust di Drohungen aussteßn? Wann i net an Vatern da-

ham hätt, der so alt
is wia du, i steigat
jetzt aus und dra-
hat di auf a Mozart-
kugl zsamm, daß
von dir nix mehr
überbleibat als wia
de Eintragung in
Geburtsregister
bein Hochwürdign
Herrn Pfarrer. Jetzt
verschwind aber

schnell, wäu sunst vergiß i mi wirkli und steig aus."
Während hinten schon eine Schlange von warten-
den Autos ein Hupkonzert veranstaltete, rief Herr T.
zurück:
„Kumm nur auße, wannst di traust! Da darlebst dei-
ne Wunder, du Rauschkind, du Wasserschädl! I beiß
dar de Nasn oh, daß d ausschaust wia a Leprakran-
ker. I roll dar de Uhrn ein, daß ausschaun wia zwa
Omlettn mit an Uhrnschmalz zubereitet …"
Ein Polizeibeamter machte dem Disput ein Ende.
Herr K. landete wegen Gefährdung der körperlichen
Sicherheit vor dem Verkehrsrichter, wurde aber frei-
gesprochen, weil er ohnehin vor dem Zebrastreifen
stehengeblieben war.

Karl-Heinz, der scharfe Schäfer

„Alsdann, de Gschicht war a so", berichtete Herr Z. dem Bezirksrichter. „I geh neilich auf der Gaßn, kummt a Herr zu mir zuwe und sagt: ‚I hätt a Bitte an Sie! Streitn S mit mir a bißl!'

‚Ja', sag i. ‚Aus was für an Anlaß?'

Mant er: ‚I werd Ihna des später erklärn. Aber jetzt san S so liab, und tuan S so, wia wann S mit mir a Ausanandersetzung hättn! Fahrn S mi an, schrein S mit mir, gebn S ma an Renner! I hau net zruck, höchstens ganz leicht, i markier, aber Se können mi angeh wia a Narr, da brauchn S kane Hemmungen habn! Na, gengan S! San S fesch! Fangen S scho an!' Nachdems damals scho spät auf d Nacht und de Gaßn menschenleer war, hab is mit der Angst z tuan kriegt und wollt ohpaschn. Verstellt ma der Herr in Weg und sagt: ‚San S net so unfreundlich! Haun S ma ane obe! Was is denn da dabei, wann i Ihna um a Gfälligkeit bitt! Des kost Ihna do nix, wann S mi anstänkern! Nur immer zu, feste druff, druff! Packn S mi bei der Huastn, schimpfn S mi Häusl, treibn S ma in Huat auf und gebn S ma a Uhrnreiberl! Was zögern S denn no? I versteh gar net, wann ma an Menschn um so a Liebenswürdigkeit bittet, daß er da net glei hinhaut! Also, san S net so grauslich! Verabreichn S ma doch endlich a klane Watschn!'

Jetzt is ma schon ganz unhamlich wurdn, i hab

eahm wegdruckt,
damit i weida-
kumm, lacht er
zufrieden und sagt:
‚Na, endle, a
Stesser! Bei Ihna
brauchts aber lang,
bis ma zu aner klan
Guatheit kummt!
Jetzt markier i a
Verteidigung,
schrei: ‚Faß ihn!‘,
und leg Ihna gleich-

zeitig an Polizeigriff an, aber an imitiertn! Achtung,
es tuat net weh!'
Dabei hat er ma an Arm hintrebogn, und den
Moment is scho a Hund zuwekumma, der was ma in
der Aufregung zerscht gar net aufgfalln war. Des
Viech, ein deutscher Schäferhund, anscheinend ein
reichsdeutscher, weil er haßt Karl-Heinz, hat mi
überfalln und hat mi a Viertlstund lang dermaßen
karnieflt, daß i nachher wia a ohkieflts Ban aus-
gschaut hab. Des Schäferviertelstündchen, bei dem
dann sogar a Dame, anscheinend sei Frauerl, zua-
gschaut hat, wird ma no lang in Erinnerung bleibn.“
Der Hundebesitzer („Mir wolltn nur wißn, ob der
Karl-Heinz scho scharf gnua is, daß er uns vertei-
digt!“) muß nebst einer Geldstrafe noch ein beacht-
liches Schmerzensgeld zahlen.

Streit um einen Mann

An fraun
is ma
in mein oeta
nua mea
intresiad
wauns
könarina san.
       Ernst Kein

„I hab jetzt an alten Taderer als Untermieter", erzählte die 62jährige Pensionistin Ottilie G. ihrer Freundin. „Vierasiebzg Jahr is er, aber er interessiert se für mi. In der Fruah, wann i mi wasch, kräult er allerweil in der Kuchl umananda und suacht sei Pfeifn. Auf d Nacht druckt er ma immer de Tuchant zrecht, daß ma ja net beim Bett eineziagt. Glaubst, soll i eahm heiraten? Er is a ehemaliger Schandarmerieinspektor mit aner schönen Pension. Wia lang macht ers denn no? Zwa, drei Jahrln vielleicht. Soll i eahm nehma, den Trenserling?"

„Schau ma, was de Kartn sagn", schlug Frau Anna V. vor. „Bei solche Schicksalfragn schlag i ma immer de Kartn auf."

Frau Anna brachte die Karten, mischte sie umständlich, ließ Frau G. mit der linken Hand abheben und legte sie dann in Kreuzform auf. „Oje, oje", war ihr erstes Wort. „Otti, laß die Finger von den Menschen. Der wird mindestens neunzg Jahr alt. Und bevor er stirbt, wird er wahrscheinlich zwölf Jahr bettlägerig sein. Da warst ja rein nur de Krankenschwester für eahm. Na, na, Otti, tua des net."

Frau Ottilie G. horchte auf den Rat ihrer Freundin. Sie gab nicht nur alle Heiratsabsichten auf, sondern kündigte dem alten Herrn auch mit nächstem Ersten. „Was glauben S, Herr Richter, was de falsche Kanaille gmacht hat?" erklärte nun Frau Ottilie vor dem Bezirksrichter. „Wia er auszogn is, hat s scho beim

Haustor auf eahm gwart. ‚Ziagen S zu mir, Herr Inspektor', hat s gsagt. ‚Des alte Luader hat Ihna nur kündigt, weil s an Jüngeren einenehma wüll. Bei mir wirds Ihna bestimmt guat gfalln.'
Jetzt kocht s eahm mit alle Mitteln ein, und er derzählt scho überall, daß er s heiraten wird. Da bin i natürlich auffe zu ihr und hab ihr anständig de Meinung gsagt. Bei de Haar soll i s grißn habn? Angspuckt soll i s habn? Gar ka Red davon. Lauter Verleumdungen."
„Die alten Weiber san wia de Hyänen gwest", erzählte der Herr Inspektor i. R. als Zeuge. „Wann s an Mann spürn, werden s anlassig. I, und ane von de zwa heiraten? I bin doch net teppert. Da geh i liaber nach Lainz und spül mi in ganzen Tag mit de Zechn."
Frau G. wurde zu 24 Stunden bedingten Arrests verurteilt.

Nächtliche Bim-Fahrt

A dramweifoat geed ma desweng so ins gmiad weus so laung dauad daas i jedsmoe hamwee griag.
Ernst Kein

„Alsdann, de Gschicht war a so", berichtete der in Wien wohnhafte Karl J. dem Bezirksrichter. „I bin damals uma zwa in der Frua von an Beisl heimganga, bleibt auf amal nebn mir a Tramway steh. A Triebwagen, wo kaner drinn war, außer der, der eahm gführt hat. Da schau her, hab i ma denkt, um de Zeit fahrt no a Straßnbahn, und haltn tuat er aa, wo gar ka Haltstell is, des is a Kundendienst.

‚Nehman S mi mit?' hab i den Fahrer gfragt.

Mant er: ‚Na fräule, was glaubn S, wegn was i stehbliebn bin. Se wolln nach Favoriten? Geht in Urdnung. I hab nur a Bitte an Sie: Dürft i vurher no gschwind in de Leopoldstadt fahrn, weil i durt a Schwester hab, bei der i scho lang net vurbeigschaut hab. I läut nur zwamal, sie hat an leichtn Schlaf, wanns ausseschaut, grüaß is, und mir fahrn zruck.'

‚Na guat, ausnahmsweise', hab i gsagt. ‚Möcht Sie in den Fall ersuchen, daß Sie auf a Fahrkartn verzichten, weil i kane mithab. Kontrollor wird ja um de Zeit kaner kumma?'

Hat er gmant, er glaubt net, und wann, laßt er eahm gar net eine, und is mit mir in zweitn Bezirk obegfahrn. Dabei hat er mi ersucht, daß i eahm händisch in Wechsl stell, weil die Elektrik außer Betrieb war. I hab eahms gmacht, um de Zeit haßts zsamm-

180

haltn, dann hamma
bei seiner
Schwester gläut,
hat sa se net
grührt. Hat er
gmant, sie is
vielleicht bei an
Bruadern in
Kagran, obs ma
was ausmacht,
wann er gschwind
über de Reichs-
bruckn fahrt. I hab gsagt, überhaupt net, nur werma
se schwer tuan, weil auf der Reichsbruckn kane
Straßenbahngleise mehr liegn. A ja, hat er gsagt,
des hat er momentan gar net gwußt, und hat am
Praterstern wieder umdraht, wobei er se bein Tegett-
hoffdenkmal so in de Kurvn ghaut hat, daß ma teil-
weise auf zwa Radln gfahrn san. I hab eahm er-
mahnt und hab gsagt, er soll net so wüldln, weil
wann i aa umasunst fahr, wüll i ma kan Schädl-
bruch holn. Dabei hab i sein Kopf angschaut und
hab bemerkt, daß sei Tramwayerkappl nur aus
Papier is und hintn der Herstellername von aner
Scherzartikelfirma drauf war. Den Moment is uns
scho a Funkstraf nachkumma und hat mein Fahrer
vom Führerstand obegholt. I hab dann erfahrn, daß
der Mann a Stanhof-Ferdl is und den Triebwagen
aus ana Remise entführt hat. I mecht wissn, warum
i mitanklagt wurdn bin! I werd do no mit aner Mau-
rerklampfn an Wechsel stelln dürfn, wann mi a
Tramwayer darum ersucht."
Zur Einvernahme der Polizeibeamten wurde die
Verhandlung vertagt.

Verhängnisvoller Zwischenfall

*Zum schdriptiis
geeri hin und
wiida schau
weu wissns
schaun
des kauni nau.*
Ernst Kein

„Des is halt, wann de Leit so sierich san", verteidig-
te sich der Beschuldigte Franz K., Portier eines Wie-
ner Nachtlokals. „Unser Scheffin schwimmt im
Geld, aber für an Adventkranz wollt s kan Schilling
auslassn. Den Kranz hab i selber machn müaßn. I,
der Portier, wia wann i a Blumenbinder war!
Vuriche Wochn wars. Kummt de Alte mit an Wäsch-
kurb voll Zweigerln daher. Wahrscheinle hats ihr
aner gschenkt. Kauft hats es bestimmt net.
‚Herr Franz', hats gsagt. ‚Machen Sie bitte einen
schönen Adventkranz daraus. Wir hängen ihn über
das Podium.'
‚Ja, gnä Frau', hab i gsagt. ‚Wia soll denn i des
machn? Warum kaufn S denn kan? Ich hab ja keine
Erfahrung mit sowas.'
Mant se: ‚Aber ich bitt Sie, Herr Franz, so ein Kran-
zerlflechten ist doch keine Kunst. Gehn S ins Maga-
zin. Dort lehnt eine Felge von meinem Fahrrad. Die
nehmen Sie und winden diese Zweige schön herum.
Genauso hat es voriges Jahr Ihr Vorgänger ge-
macht.'
Wann de Scheffin mein Vorgänger erwähnt, trifffts
mi immer ins Mark. Dieser Vorgänger war nämlich
ein ausgsprochener Trottel. Nur um diesem Mann in
nichts nachzustehen, hab ich den Auftrag übernom-
men.

182

I bin ins Magazin ganga, war ka Fahrradlfelgn durt. Nur eine Felge von der Scheffin ihrn Auto is an der Wand glahnt. Hab i halt a Autofelgn gnumma. Felgn is Felgn und rund is rund.

Ich muß Ihnen ehrlich sagn, die Arbeit hat mir direkt Spaß gmacht. Eine besinnliche Tätigkeit, das Kranzbinden. Ma kann sagn, eine Erholung, wann ma dauernd nur mit Bsoffene ztuan hat.

Der Kranz is auch wirklich schön geworden. I hab eahm verziert mit Mascherln von de Bonbonniereschachtln, was unsere Madln von de Gäst zschenkn kriagn. I war auch nicht sparsam mit de Kerzn. I hab mehr als vier hinaufgegeben, mir scheint achte, mir habn s ja. Die meisten Tische sind bei uns mit Kerzen beleuchtet.

Ich hab ihn sofort am Vormittag, de Alte war gar net da, am Luster über der Bühne aufghängt. Natürlich war er schwer. So a Autofelgn hat ja doch ihre sechs bis acht Kilo. Aber i hab unter den Seidenbändern an Draht gspannt. An Dreimillemetadraht. Der halt an Ochsn aus.

D Scheffin kummt auf d Nacht, war sehr beeindruckt. Sierich wia s is, hats nur verlangt, daß i alle Kerzn bis auf viere wieder obenimm.

Drei Tag is er ghängt. Nix war. Am viertn Abend war dann der verhängnisvolle Zwischenfall.

183

De Roswitha, unser rothaarichs Striptismadl, steht grad am Podium, direkt unter mein Adventkranz, und bittet, wie immer, einen Herrn aus dem Publikum herauf, damit er ihr in Behaa aufmacht.

Eh so a blede Nummer. Aber es is allerwäu a Griß drum. Jedsmal springen glei drei, vier so Weh auf de Bühne und rafn se um den teppertn Busnhalter. Des ganze Lokäu bebt, wenn diese Gäste wia d Elefanten auf de Bühne springen.

Mei Kranz hätte diese Erschütterung ausghaltn. Aber de Beleuchtung net. Auf amals hats kracht und grammlt und der Adventkranz is zsamt dem Luster obekumma.

Der eine Herr hat den Metallkranz direkt aufn Scheitl kriagt. Er is umgfalln wia a Stückl Holz. Mittn im Scheinwerferlicht is er glegn, mit ausgstreckte Potschn und in Busnhalter in der Hand. Ein erschütterndes Bild.

Jetzt wüll ma mir de Schuld in de Schuach schiabn. Zu Unrecht, Herr Richter. Weil mei Kranz hätt ghaltn, aber de Stukkatur war bedient!"

Der Portier wurde wegen Gefährdung der körperlichen Sicherheit zu einer Geldstrafe verurteilt.

„Zahln S es, gnä Frau?" fragte er mit düsterer Miene. „Sunst geh i über Weihnachtn in Krankenstand."

Die Chefin des Nachtlokales nickte resignierend. Die Kosten für den verunglückten Gast, der mit Gehirnerschütterung ins Spital gebracht wurde, zahlt eine Versicherung.

*Eascht
waun amoe
da gristbam brend
waas ma so recht
warum ma des
beschearung nend.*
Ernst Kein

O Tannenbaum!

„Mei Gschäft hat heuer guat angfangt!" sagte der Christbaumhändler Franz N. zum Richter. „Der Herr Kläger war mei erste Kundschaft, und scho hat er mi vur Gericht bracht. Mecht nur wissn, mit was i eahm angeble beleidicht hab!

Der Herr kommt damals zu mir, mustert mißtrauisch meine Bam und sagt: ‚Habn S nix anders da wia de paar verkrippltn Krewegerln? Ihnere Bam schaun ja aus, wia wanns in an sauren Regn gwochsn wärn!'

‚Des mecht i net ghört habn!' hab i zu dem Herrn gsagt. ‚I hab nur Qualitätsware aus einheimischen Hochwäldern, wo noch keine Umweltverschmutzung ist. Was wolln S denn, a Tanne oder a Fichte?'

Drauf geht der Herr zu meiner schensten Silbertanne und sagt: ‚De mecht i habn. Was kosts denn? Is des auch a echte Sübatanne?'

Sag i drauf: ‚Punziert is net. Aber i verkauf kana Alpakatannen. Fünfhundertzwanzg Schülling für Ihna, zsamtn Kreiz.'

Schreit mi der Herr an: ‚Ihna is anscheinend beim Bamumsagln a Bam aufs Hirn gfalln! Um des Göd kriag i an Riesnbam, wia er vurm Rathaus steht!'

‚Dann nehmans S halt a schene Fichtn', hab i gsagt. ‚Da habn S a Prachtstickl um zweihundert Schülling. Zwa Meter hoch!'

186

Nimmt der Herr a Maßbandl aus der Taschn, meßt nach und sagt: ‚Jetzt hab i Ihna! Jetzt san S fällig fürn Marktkommissär! Der Bam hat nämle zsamtn Kreuz nur an Meter siemaneinzg! Gebn S ma de Fichtn gschwind um fuffzg Schülling, und i nimm von aner Anzeige Abstand!'

Sag i zu dem Herrn: ‚Jetzt nehman S aber gschwind Abstand von mir, sunst hau i Ihna fuffzg Watschn obe.'

Des war alles, was i gsagt hab. Und jetzt kriag i a Vurladung zu Ihna, Herr Rat! Sprechn S mi gschwind frei, i bin mittn im Stoßgschäft."

Der Kläger hatte sich mit Krankheit entschuldigt. Franz N. wurde freigesprochen. Der Händler bedankte sich vielmals und sagte: „Wann S a schens Bamerl brauchn, Herr Richter, kumman S nur bald zu mir. Mei Adreß habn S eh im Akt."

*Ma glaubad
des goa ned
wie füü leid
oes an am dengn
zumindesdns
wauns ums
neijoasgöd geed.*
Ernst Kein

Prosit Neujahr!

An der Wohnungstür des Herrn Viktor S. klopfte es.
Draußen stand ein Mann in Arbeitskleidung, der
eine Lampe an der Brust befestigt hatte. „Grüaß
Ihna", sagte der Mann. „I bin Ihna Kanäuramer. I
wünsch Ihna a guats neuchs Jahr!"
„Danke! Danke!" entgegnete Herr S. gerührt und
schüttelte dem Arbeiter die Hand. „I wünsch Ihna a
alles, alles Guate! Des is aber liab von Ihna, daß Se
eigens zu mir gratulieren kumma san!" Danach
schloß Herr S. wieder die Tür.
Der Arbeiter klopfte noch einmal. „I hab vergessen,
daß i der gnä Frau aa alles Guate wünschn laß!
Alles, alles Guate an de ganze Famülle, Herr!"
„Danke, danke!" sagte Herr S. und tätschelte dem
Arbeiter die Wange. „Sovül liab san Se zu uns! I
wünsch Ihnera Frau aa alles, alles Guate!" Dann
wollte Herr S. wieder die Türe schließen.
Der Arbeiter blickte ihn mißtrauisch an. „San Se a
Ausländer?" fragte er Herrn S. „Habn Se no nix
davon ghört, daß ma denan Gratulantn an klan
Schmattes gibt? Mir scheint, Se wolln mi häkerln! I
bin do net zu Ihna in fünftn Stock auffekumma, daß
Se meiner Frau Prosit Neujahr ausrichtn lassn!"
„Was wolln S?" fragte Herr S. „An Schmattes? I hör
immer Schmattes! I kenn Ihna doch überhaupt net.

188

Wann i an jedn was gib, der was mir zum Jahreswechsel Glück wünscht, muaß i ma a eigenes Darlehen aufnehma. Wer gibt denn mir was? I bin a Leichenwäscher. Wann i zu meine Kund-

schaftn Prosit sag, machn s net amal Muh."

Daß er ein Leichenwäscher sei, sagte Viktor S. nur so zum Spaß, aber der Gratulant nahm es ganz ernst und rief: „Was san Se? Und da druckn S ma de Händ oh und streicheln mi im Gsicht? Wann i scho kan Netsch bei Ihna siech, soll i mi vielleicht infizeirn lassn! Gegn Ihnern Beruf hab i ja no Händ wia a Kosmetiker, Se Untam!"

„Dann is er wia der Blitz über de Stiagn obe und hat se dabei über de eigenen Füaß dersteßn", sagte Herr S. vor Gericht. „Jetzt behauptet er, i hab eahm a Haxl gstellt. De Leut habn Nervn."

Da der „Gratulant" nicht erschienen war, wurde die Verhandlung vertagt.

I brauchad
eigndli ned
es neiche joa
weu es wiad
ee genauso wia
es oede woa.
*   Ernst Kein*